HANSJÖRG HÄNGGI

GESCHICHTENGESCHICHTE

HANSJÖRG HÄNGGI

GESCHICHTENGESCHICHTE

NOCH MEHR HALBWAHRE GESCHICHTEN

ILLUSTRATIONEN VON
MORITZ ANTONY, HIMMELRIED

VERLAG JEGER-MOLL AG, BREITENBACH

Alle Rechte vorbehalten
©1999 Jeger-Moll Druck und Verlag AG
ISBN 3-9520853-6-7
Herstellung:
Jeger-Moll Druck und Verlag AG
4226 Breitenbach

INHALTSVERZEICHNIS

Eine schwermütige Geschichte voll von Leid und menschlichem Unglück und ein schwülstiges Liebesgedicht kamen eines Tages mühsam daher. Da begegneten sie einem leichtfüssigen Gesellen, der heiter und unbeschwert in die Welt schaute.

«Wer bist denn du?» fragte das Gedicht die fröhliche Gestalt, und die Geschichte setzte hinzu: «Du scheinst mir das Leben nicht ernst genug zu nehmen.» «Ich nehme das Leben sehr ernst, aber eben so, wie ich das verstehe, und im übrigen ist mein Name Humor.» «Kenn ich, kenn ich», rief das Gedicht, «du bist der aus dem Zirkus, der die Clowns lustig sein lässt.» «Du verwechselst mich mit der drolligen Dame Komik, die den erfrischend lächerlichen Situationen ihren Pfiff gibt. Wir sind verwandt, denn wir können beide das Lachen auslösen.»

Beim Stichwort «Lachen» horchte die Geschichte auf und meinte: «Jetzt erkenne ich dich wieder, du hilfst den Leuten mit geschliffenem Mundwerk, ihre treffenden Sprüche loszuwerden.»

«Da liegst du wieder falsch. Du redest vom Witz. Auch er bringt die Leute zum Lachen. Der Witz ist eine Gabe des Geistes, aber ich, der Humor, ich bin eine Gabe des Herzens. Ich bin einfach da. Die Menschen müssen mich nur gewähren lassen, so können sie warm und herzlich lachen. Der Witz aber muss erst ankommen. Wenn ihm das gelingt, dann bricht Gelächter aus.» «Ich finde das alles unangebracht», sagte die Geschichte, «schau mich und meine Handlung an, dann merkst du, dass es im Leben gar nichts zu lachen gibt.»

Da lachte der Humor hell auf und sprang unversehens in die Geschichte hinein. Bevor sie sich's versah, war sie voller Humor. «Was hast du mit mir gemacht? Mir ist plötzlich so leicht», rief die Geschichte. Das Gedicht schaute mit grossen Augen in die Zeilen der Geschichte hinein. Da gab es auf einmal ein paar Figuren, die lachten fröhlich und hatten ihre Schwermut vergessen. «Aha», rief es, «die machen sich lustig über die andern und lachen über ihr Unglück. Das hast du jetzt bewirkt, du blöder Humor!»

Der Humor nahm die Beschimpfung gelassen hin. «So etwas hätten wohl die Ironie oder die Satire bewirkt, das sind meine bissigen Tanten. Nein, schau und hör einmal richtig hin, dann entdeckst du, worüber sie lachen.» «Ich hab's schon gemerkt», fiel die Geschichte ein, «sie lachen über sich selbst, und alles wird so leicht.»

«Das geht doch nicht bei all dem Unglück des Lebens und dem Ernst der Gefühle», wehrte sich das Gedicht. «Wart, ich zeig dir's!» lachte der Humor, und schon hockte er mitten im Gedicht. Jetzt verwunderte sich die Geschichte, denn das bis anhin schwerfällige Liebesgedicht drehte sich anmutig im Tanze, und aus seinen Versen perlte herzliches Lachen.

«Was hat's denn auf sich mit dir, Humor?» staunte es. «Eigentlich gäbe es doch wirklich nichts zu lachen.» «Ich kann versuchen, es dir zu erklären», schmunzelte der Humor. «Ich komme als Geschenk zu den Menschen und helfe Ihnen, das Unzulängliche und Widrige der Wirklichkeit mit Liebe und versöhnlicher Gelassenheit zu ertragen. So erlangen sie eine gelöste Heiterkeit und können von Herzen lachen.» «Jetzt hab ich's», rief da die Geschichte und sprach stolz: «Humor ist, wenn man trotzdem lacht.» «Schön hast du das gesagt», lachte der Humor. Still für sich dachte er schmunzelnd: «Das musste ja noch kommen! Doch ich will ihr die Freude an ihrer Formulierung nicht nehmen, aber die hat ein anderer erfunden. Das Zitat stammt vom deutschen Dichter Otto Julius Bierbaum.»

Die zwei verwandelten Texte bedankten sich und zogen beschwingt weiter. Unser Muntermacher aber machte sich auf die Suche nach neuen Betätigungsfeldern. Bald stiess er auf eine trockene Abhandlung mit dem Titel: «Über den Humor»...

Es war einmal eine kleine Geschichte, die ging so:

Es war einmal ein Mädchen, das wünschte sich eine Puppe. Da sagte das Mädchen zum Vater:

«Mach mir eine Puppe.» Da malte der Vater mit Kohle ein Gesicht auf ein Holzscheit und sagte: «Das ist deine Puppe.» Da war das Mädchen froh und dankte seinem Vater. Es spielte immer mit seiner Puppe.

Die kleine Geschichte ging zu der Geschichtenfrau und sprach zu ihr: «Hallo, Geschichtenfrau, du hast mich viel zu mager gemacht. So geht das doch nicht. Ich kann mich ja nirgends hören lassen.» «Wenn du meinst. Ich kann dich schon etwas fetter machen», antwortete die Geschichtenfrau, und sie schüttete noch ein paar Wörter an die Geschichte. Jetzt ging die Geschichte so:

Es war einmal ein kleines Mädchen, das hiess Julia. Es wünschte sich schon lange eine eigene Puppe. Aber die Eltern waren sehr arm und konnten ihm deshalb kein Spielzeug kaufen.

Da bat das Mädchen den Vater: «Mach mir doch bitte eine schöne Puppe.» Der Vater suchte ein passendes Holzscheit. Am einen Ende des Scheits malte er mit einem Stücklein Holzkohle sorgfältig ein hübsches Gesicht hin. Dann sagte er: «Schau, Julia, das ist jetzt deine Puppe.» Julia war erfreut. Sie wiegte ihre neue Puppe liebevoll im Arm und summte dazu leise: «Schlaf, mein Kindlein, schlaf.» Und alle waren glücklich und zufrieden.

Die Geschichte allerdings war noch gar nicht zufrieden. Sie sagte zur Geschichtenfrau: «Du hast schon so viele schöne und spannende Geschichten erzählt. Mich hast du jetzt zwar etwas ausgeschmückt, aber ich finde mich immer noch sehr langweilig. Mach mich ein bisschen spannender.» Die Geschichtenfrau war sehr geduldig. Sie überlegte, wie sie der kleinen Geschichte helfen könnte. Sie bereitete einen ganzen Korb voller Wörter vor und leerte diese über der Geschichte aus. «Nimm das», sprach sie, «hoffentlich ist es recht so!»

Die Geschichte war stolz auf ihre neue Länge und erzählte sich gleich selbst:

Auf einem kleinen Bauernhof hoch oben am Berg lebte eine Familie: Mutter, Vater und die kleine Julia. Das Mädchen musste sich oft alleine unterhalten, denn die Eltern hatten viel zu tun. Es spielte mit Holztieren, Tannenzapfen, Steinen und Stecken.

Eines Tages durfte Julia mit dem Vater ins Dorf hinunterfahren. Dort sah sie ein Mädchen, das spielte mit einer langhaarigen Puppe, die ganz modische Kleider trug. Von da an wünschte sie sich auch so ein Spielzeug. «Bitte, kauft mir doch so eine Puppe!» bat sie die Eltern. Doch diese verdienten mit ihrem kleinen Hof nur wenig. Sie hatten kein Geld für Spielsachen, und so eine Modepuppe gefiel ihnen schon gar nicht. Sie sagten zu Julia: «Das geht jetzt nicht, denn wir müssen eine neue Maschine kaufen. Du musst halt weiterhin mit dem spielen, was du hast.»

Julia sah, wie der Vater geschickt Zäune flickte, dem Werkzeug neue Stiele verpasste oder einen schönen Türgriff schnitzte. Da kam ihr ein Gedanke. Sie fragte den Vater: «Könntest du mir nicht eine Puppe machen, bitte?» «Ich weiss nicht recht», meinte der Vater, dann sagte er nichts mehr.

An den langen Winterabenden taten Vater und Mutter sehr geheimnisvoll und schickten Julia zeitig ins Bett. Von ihrer Kammer aus hörte sie die Eltern oft in der Stube hantieren. Wenn sie am andern Morgen fragte: «Was habt ihr gestern gemacht?», schmunzelte der Vater. Die Mutter lächelte freundlich und sagte: «Wart's ab!»

An ihrem Geburtstag kam Julia in die Küche. Neben ihrer Milchtasse sass eine wunderschön geschnitzte Holzpuppe, daneben lag ein hübsches selbst genähtes Puppenkleid. Vaters und Mutters Geschenk. Das Mädchen fiel den Eltern um den Hals und dankte ihnen. Dann zog es die Puppe an, nahm sie in den Arm und tanzte singend um den Küchentisch. Jetzt war Julia glücklich und zufrieden.

13

Unsere Geschichte war auch glücklich und zufrieden, besonders, wenn sie kleinen Kindern erzählt wurde. Dann konnte sie sehen, wie die Mädchen und Buben mit Julia zusammen auf die Puppe hofften und am Schluss erleichtert aufatmeten.

Doch dann kam die Geschichte eines Tages in ein Kinderzimmer, in welchem den ganzen Tag ein Fernsehapparat lief. Da wurde sie bald sehr unzufrieden. Sie schimpfte: «Was bin ich denn für eine doofe Babygeschichte? Braves Julchen auf dem Bauernhof! Kein bisschen ‹Äkschen›!» Dieses Wort hatte sie im Fernsehen gehört. «Zur Geschichtenfrau brauche ich nicht mehr zu gehen, die versteht ja doch nichts von einer guten Story!» Sie blätterte in Comic-Heften, durchstöberte Zeitschriftenkiosks, guckte in Videotheken und bastelte sich dann selber zu einer Geschichte um, «die sich gewaschen hat», wie sie sagte.

Eines Tages begegnete die Geschichtenfrau wieder einmal ihrer kleinen Geschichte. Sie machte nur grosse Augen. Wie kam denn die daher? Das tönte sehr seltsam:

«Hey, Paps», rief die kleine Julie eines Tages, «ich will auch eine Barbie, wie die andern Girls!»
Julie war eine Zehnjährige aus der Hochhaussiedlung im Westen der Stadt. Sie blätterte im Spielzeugkatalog und hatte gerade so ein Ding mit langen Wimpern gesehen. Das fand sie geil.

14

Leider waren Julies alte Herrschaften nicht zu haben für solche Spässe. Es fehlte vor allem an der Kohle. Da musste Julie sich organisieren. Sie jobbte bei den gestopften Nachbarn als Babysitter und holte damit Cash ab, bis die Kasse stimmte.

Nach ein paar Wochen konnte sie sich die tollste Barbiepuppe mit einer Supergarderobe hereinziehen. Alle Freundinnen waren neidisch. Doch Julie war echt happy.

Die neu aufgemachte «Story» traf die Geschichtenfrau. «Wie gefalle ich dir?» wollte sie gerade fragen, da sah sie, wie sich diese vor Lachen schüttelte und dann meinte: «Du willst doch nicht etwa sagen, so hättest du jemandem Eindruck gemacht?» «Es hat mich nur noch niemand gehört, aber wart's einmal ab!» gab die Geschichte beleidigt zurück und zog davon.

Bald aber musste sie einsehen, dass sich niemand um sie kümmerte. Keiner wollte sie aufschreiben, niemand wollte sie erzählen, kein Mensch wollte sie lesen, und kein Kind wollte sie hören. Die Leute beachteten sie kaum. Einmal bekam sie mit, wie eine Frau sagte: «Das ist doch keine Geschichte! Das ist bestenfalls eine Mitteilung, aber wen interessiert die schon?» «Ich verstehe diese komische Sprache nicht recht», beklagte sich ein Grossvater, der seinen Enkelkindern gerade etwas erzählen wollte.

Jetzt wusste die Geschichte, dass sie gar keine richtige Geschichte mehr war. Schnell ging sie heim, zog ihr altes Kleid wieder an und schminkte sich die seltsame Sprache ab. Als Geschichte vom Bauernmädchen Julia machte sie sich erneut auf den Weg. Bald einmal begegnete sie der Bilderfrau. Diese war derart entzückt von der Puppengeschichte, dass sie sofort rief: «Die kommt in ein Bilderbuch!»

So geschah es. Seither blättern viele Leute – Mütter, Väter, Grossmütter, Grossväter und Mädchen und Buben – überall auf der Welt in dem wunderbaren Kinderbuch «Julias Wunsch».

Sie bestaunen die prächtigen Bilder und lesen, erzählen oder hören die einfache aber schöne Geschichte von der geschnitzten Puppe. Und alle freuen sich dabei.

Am meisten freut sich natürlich unsere kleine und zufriedene Geschichte. Und die Geschichtenfrau lacht sich ins Fäustchen.

DER VERS

Die Hochzeitsfeier war in vollem Gange. Alle Gäste waren guter Laune. Immer wieder gab jemand einen Trinkspruch oder einen Witz zum besten und erntete damit dankbaren Applaus. Als beim dritten Gang knusprige Pommes frites aufgetischt wurden, war Rudolfs Moment gekommen. Er sass mit seiner Frau Yolanda und dem naseweisen Söhnchen Michael am unteren Ende der Hochzeitstafel. Zaghaft klopfte er ans Glas und stand auf. Die Gesellschaft legte das Besteck ab und verstummte erwartungsvoll.

«Ich sehe da gerade diese gebackenen Kartoffeln», fing Rudolf an, «da ist mir ein passender Vers in den Sinn gekommen. Also ...»

«Darf das der Papi?»

Der sechsjährige Michael fühlte sich beim Essen gestört und stellte diese Frage ziemlich laut seiner Mutter. Alles lachte. Auch Rudolf schmunzelte wohlwollend auf sein Söhnchen hinunter. «Ja, ich darf das. Also, wie gesagt, die Kartoffeln, respektive der Vers.» Und Rudolf fing an, pathetisch den abgedroschenen Spruch aufzusagen:

«Vom alten Fritz, dem Preussenkönig, weiss man recht viel, doch viel zu wenig ...» «Aber der alte Onkel Fritz da drüben ist doch gar kein König», fiel Michael wieder ein, und der nächste Lacher war gesichert. «Schon gut, Michael, das ist ein anderer. Lass Papi jetzt erzählen», beschwichtigte Yolanda den Knaben und warf einen ängstlichen Seitenblick auf Rudolf. Dieser atmete tief durch und setzte nochmals an: «Also: Vom alten Fritz, dem Preussenkönig, weiss man recht viel, doch viel zu wenig. So ist zum Beispiel nur wenigen bekannt. dass er die Bratkartoffel erfand.» Bei diesen Worten schnappte Rudolf mit Daumen und Zeigefinger ein goldgelb gebackenes Kartoffelstengelchen aus der Schüssel und hielt es hoch.

Michael wollte den Vater nicht mehr stören, darum fragte er seine Mutter nur halblaut: «Warum darf der Papi mit den Fingern in die Schüssel langen?» Natürlich lachte die nähere Umgebung wieder laut heraus. Rudolf wurde langsam nervös. Sein Auftritt war gefährdet. Er zischte: «Sei jetzt still!» und fuhr dann fort: «So ist zum Beispiel nur wenigen bekannt, dass er die Bratkartoffel erfand. Und darum heisst sie – und das ist kein Witz – Pomm Fritz.» Gelächter und viel Applaus versöhnten den leicht verschnupften Vater, und er wandte sich leise Michael zu: «Nächstes Mal lässt du mich bitte ausreden, hast du verstanden?» «Ja, schon. Willst du denn noch einmal reden, wenn wir essen sollten?» «Wer weiss?» «Stimmt das überhaupt mit dem König und den Pomm Fritz?» «Natürlich nicht, das ist doch nur ein Witz.» «Aber du hast doch extra gesagt ‹und das ist kein Witz›.» «Das gehört doch zum Vers. Damit es sich reimt. Es ist eben trotzdem einer.»

«Was?» «Ein Witz!» «Obwohl du gesagt hast, es sei keiner?» «Ja. – Ja.»

Michael drehte sich zu der Mutter: «Siehst du, da hat der Papi aber gelogen! Er hat gesagt, es sei kein Witz, dabei ist es doch einer. Und du sagst immer, ich darf nicht lügen.»

Zum Glück klopfte gerade der alte Onkel Fritz an sein Glas erhob sich zu einem längeren Trinkspruch.

Der liebe kleine Michael kam die nächsten zehn Minuten nicht mehr zu Worte. Dabei wunderte er sich über die Tischsitten, aber auch über die Grosszügigkeit seines Vaters. Denn jedesmal, wenn er den Mund öffnete, stopfte ihm Papi eine Handvoll Pommes frites hinein.

Es war einmal ein Flick, der wanderte ganz allein durch die Welt.

Das fängt ja gut an mit «Es war einmal», das will wohl eine Geschichte werden. Richtig geahnt! Allerdings eine ganz alte Geschichte, denn wo gibt es heute noch einen Flick? Höchstens auf einem Veloschlauch, von einem Bastler ausgeführt. Ein Fachmann flickt heute eh keine Schläuche mehr. Der ersetzt sie. Vielleicht gibt es auch noch irgendwo eine Mutter oder einen Vater, die ihrem Kind einen Flick auf das durchgewetzte Knie seiner Jeanshose setzen, das heisst aufbügeln. Dann ist das ein lustiger bunter Fleck. Aber sonst wird doch heutzutage nichts mehr geflickt. Darum ist unsere Geschichte so alt. Sie fängt zu einer Zeit an, als es weder Jeans, Aufbügelflicken noch Veloschläuche gab.

Unser Flick wanderte also allein umher. Das war nicht immer so gewesen. Doch den Ort, wo er geboren war, gab es gar nicht mehr. Das war ein Nachttopf gewesen. Ursprünglich hatte er dort nämlich eine wichtige Aufgabe als wunderbarer Flick gehabt. Mit seiner feinen Linie zwischen Rosen- und Vergissmeinnichtgirlanden hatte er stolz die zwei Hälften des einst zerbrochenen Gefässes zusammengehalten. Doch ein unvorsichtiges Kind hatte den geflickten Topf zum Fenster hinausfallen lassen. (Damals wurden die Nachttöpfe eben noch durchs Fenster entleert.) Jetzt war er endgültig dahin, denn er 23 war auf dem Steinboden neben dem Misthaufen in tausend Stücke gesprungen. Übrig blieb nur noch der Flick. Dieser machte sich schnell aus dem Staube – oder eher aus der Nässe – bevor er zusammengekehrt und mit den Scherben in den alten Ziehbrunnen geworfen wurde.

Seither reiste er umher und suchte eine neue Aufgabe. So ohne zwei Hälften, die er zusammenhalten sollte, war er praktisch unsichtbar und konnte seine Nase überall hineinstecken. In dieser Beziehung war er von früher her manches gewohnt.

So kam er unerkannt zu einem «Häftlimacher». Dieser war ein Fahrender, der allerlei zerbrochenes Geschirr flicken konnte. Er reiste von Ort zu Ort und bot seine Dienste an. Weil der Mann seine Arbeit sehr exakt und sauber verrichtete, gefiel er unserem Flick so gut, dass er bei ihm blieb.

Seinen Namen hatte der Häftlimacher von den Heftklammern oder eben «Häftli», die er bei seinen Flicken einsetzte und die halfen, dass die Flickstellen nicht wieder auseinanderbrachen. Auch das passte unserem Flick, Heftklammern versprachen ihm und seinen Artgenossen ein langes Leben. So schlich er sich ständig um den Fahrenden herum und lauerte auf eine günstige Gelegenheit, sich nützlich zu machen. Und die ergab sich bald. Denn eines Tages hielt der Häftlimacher einen wunderschönen Porzellankrug

mit einem Zinndeckel in seinen Händen. Leider – für seine Besitzerin, zum Glück für den Handwerker und unseren Flick – hatte der Krug einen langen Riss.

«Da würde es mir passen, das wäre ein beruflicher Aufstieg», sagte sich der Flick, und schon sass er an der Stelle des Risses. Der Krug war fürs erste geflickt.

Doch der Meister bohrte neben die Flicklinie noch ein paar feine Löcher – sprichwörtlich sorgfältig – er musste eben «aufpassen wie ein Häftlimacher». Dann setzte er eine lustige Reihe von sieben Heftklammern ein, die dem Flick halfen, seine Aufgabe zu erfüllen. Krug, Flick und Häftli fühlten sich dadurch sehr verbunden. «Meine Leibgarde» nannte der Flick dieses Fähnlein der sieben Waagrechten.

Dem Flick war sehr wohl an seiner neuen Stelle. Er durfte jahrelang köstliche Getränke wie Tee und Kaffee am Auslaufen hindern, und er wurde von vielen Besuchern für seine Beständigkeit und Eleganz gelobt. Von seiner ursprünglichen Herkunft sagte er nie jemandem auch nur ein Sterbenswörtlein. Ihn störte sie übrigens nicht. Krug, Flick und Häftli hielten durch Dick und Dünn, durch Kalt und Heiss zusammen, und sie schworen sich ewige Treue. Und wenn sie nicht gestorben sind…

Nein, halt, nicht nötig! Sie leben noch und halten sich bis heute an ihren Schwur.

Wer's nicht glaubt, kann ja im Museum nach-
schauen gehen.

Auf einem weissen Blatt Papier verbreitete sich einmal eine Geschichte, die besonders gut herauskommen wollte. Natürlich gab sie sich in erster Linie Mühe, durch ihren witzigen Inhalt und den fesselnden Stil aufzufallen. Daneben tat sie aber auch alles, um die geheimen Kräfte des Glücks zu mobilisieren und um jegliche unheilbringende Begegnung zu vermeiden. Sie war eben eine ziemlich abergläubische Geschichte.

Ihr Inhalt handelte von einer Reisegesellschaft, die mit einem Bus unterwegs zu einem Glaubenskongress war. Immer wieder wurde die Fahrt unterbrochen, damit neue Gestalten zusteigen konnten. Dabei sorgte die Geschichte eifrig dafür, dass sich vor allem Glücksbringer dazugesellten. Ein vierblättriges Kleeblatt sass neben einem Hufeisen, das von der Geschichte natürlich mit dem offenen Teil nach oben hingesetzt worden war, damit das Glück hineinfallen konnte. Auch ein kräftig gedrückter Daumen und eine Morgenstund mit Gold im Mund waren bald dabei.

Aber wie die Geschichte richtig vermutete, hatten noch andere Kräfte ihre Hand im Spiel. Neben einem etwas verwirrten Hirn und vier tastensuchenden Fingern gab es da eine Schreibmaschine, die ein gewichtiges Wörtchen mitzureden – oder, was noch verhängnisvoller schien – mitzuschreiben hatte. Und das tat diese. Sie war nämlich ziemlich neidisch auf die Geschichte, weil sie aus Erfahrung wusste, dass diese am Schluss allein als das Ergebnis der vereinten Bemühungen dastehen würde. Kein Leser und keine Zuhörerin hatten bis jetzt je die Leistungen der Schreibmaschine gewürdigt.

Zum grossen Ärger der Geschichte stiegen deshalb gegen ihren Willen bald ein Freitag, der Dreizehnte und ein Schwarm schwarzer Vögel ein. Auch eine schwarze Katze, die vorher noch von links über die Fahrbahn gerannt war, kam ungebeten dazu. Hatte die Geschichte den schönsten roten Glückspilz mit weissen Tupfen hingesetzt, folgte diesem schon ein nachts schreiendes Käuzchen, das Tod und Verderben verhiess. Neben die erquickende und labende Spinne am Abend setzte die Maschine prompt das sorgenbringende Spinnen am Morgen, nicht ohne die belehrende Bemerkung, damit sei die textile Betätigung und nicht das achtbeinige Krabbelwesen gemeint. Die Maschine brachte das Kunststück fertig, den Bus unter einer schräggestellten Leiter hindurchfahren zu lassen und diese dann gerade auch noch mitzunehmen.

Sofort revanchierte sich die Geschichte. Sie hielt sich an das Sprichwort: «Narren haben das meiste Glück» und lud gerade deren sieben ein, samt dem dümmsten Bauern, von dem sie sich einiges mehr als nur die grössten Kartoffeln versprach. Doch schon nahm ein dreizehnter Mitesser Platz.

31

Der Regenbogen, das Toi-toi-toi, der Halsund-Beinbruch-Wunsch und die Sternschnuppe durften auch mitreisen. Sie wurden aber mit einem Pfeifen auf der Theaterbühne, einer verfrühten Geburtstagsgratulation und einer gehörigen Handvoll verschütteten Salzes sofort wieder wirkungslos gemacht.

Endlich hatten die beiden Streithähne ihr Pulver verschossen. Eine unglaubliche Gesellschaft schaukelte ihrem Ziel, dem besagten Kongress, entgegen. Die vier korrekturtastenerprobten Finger fürchteten ein totales Durcheinander und wappneten sich. Doch da griff das Hirn ein.

Es liess die buntgemischte Reisegesellschaft vor dem Kongresszentrum ankommen und aussteigen. Etwas zögernd schritten alle in den grossen Saal. Da wimmelte es von gegensätzlichsten Figuren. Was sollten sie hier? Glaubenskongress – das war nicht ihr Traumziel. Mussten sie sich jetzt in zwei Fraktionen aufteilen und gegeneinander antreten? Glücksbringer gegen Unheilsverkünder? Das würde böse enden.

Mit einem Tusch und einem grossen programmatischen Schriftzug auf der Projektionswand wurde die Veranstaltung eröffnet. Die Teilnehmenden lasen gespannt, was ihnen angekündigt wurde. Erleichtert brachen sie in begeistertes Klatschen aus. Da waren sie ja alle am richtigen Ort, hier verfolgten sie alle das gleiche Ziel.

Ein Kaminfeger trat ans Mikrophon und verkündete laut: «Herzlich willkommen am Kongress zur Verteidigung des wahren Aberglaubens!»

Ende der seltsamen Geschichte.

Das wirre Hirn rauchte und meinte: «Hab ich wieder einmal Schwein gehabt! Die Glückssträhne hält an. Mein Talismann lässt mich nie im Stich.»

«Holz berühren!» riefen da die Finger und tasteten gekreuzt nach der eichenen Tischplatte. Und die Geschichte? Stolz liess sie sich den letzten, giftig gehämmerten Punkt gefallen und entwand sich dann dem klammernden Griff der Schreibmaschinenwalze.

Eines Tages setzte die grosse Natur zwei Milben auf Edmund Erdins Haupt. Sie sprach zu den beiden: «Ich will euch Amad und Vea nennen. Wachset und mehret euch und machet euch Edmund Erdin untertan!»

Amad und Vea schweiften in Edmunds Haarbusch umher, fanden viele herrliche Hautschuppen und verpflegten sich damit aufs köstlichste. Sie suchten eine Bleibe und nisteten sich bald in einer warmen Falte hinter Edmunds Ohr ein. Dort setzten sie ihren Auftrag in die Tat um und vermehrten sich nach Noten.

Der wohlgenährte Nachwuchs tat es eifrig seinen Stammeltern gleich, und so bevölkerten bald unzählige Milbenfamilien den gesamten Haarschopf. Sie hausten in Falten und Poren und schweiften auf der Suche nach Nahrung immer weiter aus. Einige wagten es sogar, das Freiland des Gesichtes zu betreten, obwohl sie sich dort vor den tödlichen Strahlen der Sonne fürchten mussten.

Einige Pioniere wanderten aus und siedelten sich unter der schützenden Schicht von Edmunds Kleidern an. In dieser Gegend war die Ausbeute an Nahrung zwar nicht so paradiesisch reich wie auf dem Kopf, aber mit ein bisschen Anstrengung kam jede Milbe zu ihren täglichen Schuppen. Ausserdem halfen verwandtschaftliche Beziehungen zu den reichen Kopfmilben über kargere Zeiten hinweg.

Die wohlgenährten und kräftigen Kopfbewohner fingen aber mit der Zeit an, die andern Milben zu dominieren. Sie hielten sich für die Herrscher über die ganze Oberfläche von Edmund Erdin und machten überall absolute Besitzansprüche geltend. Sie teilten die Haut in Parzellen ein und gaben diese an die ärmeren Milben als Lehen weiter. Dafür zogen sie den zehnten Teil der geernteten Schuppen als Grundzins ein.

Besonders erfolgreiche Milben aus Edmunds behaarter Brustregion begannen sich mit der Zeit aber von ihren Grundherren loszukaufen und wurden so glückliche Besitzer von beachtlichen Ländereien. Das war der Anfang eines schwungvollen Grundstückhandels, der sich bald auf den ganzen Körper von Edmund Erdin ausdehnte. Jedes Fleckchen Haut wurde ausgemessen, eingetragen und an Einzelmilben, Familien oder Korporationen vergeben.

Die Milben aber vermehrten sich immer stärker, und der Nahrungsbedarf wuchs von Tag zu Tag. So intensivierte sich die Schuppensuche enorm. Jedes Hautfleckchen wurde nach Schuppen abgegrabscht. Ein paar besonders findige Forscher fanden heraus, wie die Haut durch eine gezielte Gabe von düngenden Stoffen zu vermehrter Schuppenbildung angeregt werden konnte. Damit und durch die vermehrt anfallenden Stoffwechselausscheidungen der Milben wurde die Haut aber ausserordentlich gereizt.

Sie rötete sich und veränderte ihre Oberfläche. Übernutzte Partien wurden unfruchtbar und verloren ihren Wert. Ganze Milbengenerationen verarmten und mussten auswandern. Flüchtlingsströme überzogen Erdins Körper, Kämpfe brachen aus, und es war ein grosser Aufruhr.

Jetzt begann Edmund Erdin sich langsam zu wehren. Seine Hautrötungen juckten ihn, und er fing an, die Milbenplage zu beachten. Zuerst kratzte er sich, dann rieb er Salben und Tinkturen auf die befallenen Stellen, und in ganzen Landstrichen breitete sich der Milbentod aus. Es gab Hungersnöte und weitere Fluchtbewegungen. Alle wollten sich als Asylanten in den Haarschopf retten.

Doch die Kopfbewohner wehrten sich erfolgreich gegen die Eindringlinge und schickten sie zurück in ihre unwirtlichen Heimatländer. Dort verhungerten sie elendiglich.

Bald aber unterzog Edmund Erdin auch seinen Kopf einer gründlichen Reinigungskur. Ein milbentötendes Mittel drang in jede Ritze, der ganze Körper wurde milbenfrei gespült, die Hautirritationen heilten allmählich ab, und ein glücklicher, befreiter Edmund Erdin ging seiner Wege.

Ein Milbenpaar, Dama und Ave, hatte sich auf den Kopf von Monda Weltin gerettet.

Vielleicht machten es diese zwei besser…

Luki hatte ein Auto gekauft, einen japanischen
«Nizda Spunny». Das war eine mühselige Sache
gewesen. Von ihm aus hätte dieser Kauf eigentlich schon viel früher passieren müssen, aber es
gab damals einige Hinderungsgründe. Da war
vor allem die grün angehauchte Mutter Annemarie, die eigentlich aus grundsätzlichen Erwä-
gungen gegen Autos im allgemeinen und damit
natürlich auch gegen die Tatsache war, dass ihr
minderjähriger Sohn ein solches Vehikel
anschaffte. Und da sie als Mutter noch über die
elterliche Gewalt verfügte, hatte sie mit der Ver-
weigerung einer Unterschrift unter dem erforderlichen Versicherungsvertrag die Möglichkeit,
den Kauf zu verhindern. Das hatte sie durchge-
halten. Doch nun war Luki volljährig geworden,
und das Auto war gekauft. Ein Gebrauchtwagen
zwar, aber immerhin ein echtes Auto war in seinen persönlichen Besitz übergegangen! Erwor-
ben gegen alle Widerstände. Das schlechte
Gewissen gegenüber der Mutter war unter-
drückt, die bissigen Bemerkungen des älteren
Bruders Adrian waren geflissentlich überhört
und die eigenen Bedenken in den Wind geschla-
gen.

Stolz führte Luki sein Fahrzeug vor. Es war
eher ein Möchte-gern-Auto, nicht mehr zu den
Kleinwagen zählend aber gewiss noch kein aus-
gewachsenes Automobil. Eigentlich ganz niedlich anzusehen mit seinen rundlichen Formen

und den zutraulichen Scheinwerferaugen. Mutter und Bruder standen etwas hilflos neben dem stolzen Besitzer und seinem Wagen und hörten sich die überschwenglichen Schilderungen der Vorzüge seiner Neuerwerbung an.

Luki hatte keine Begeisterungstürme von Seiten der Angehörigen erwartet, im Gegenteil. Er hatte sich schon vorsorglich mit überzeugenden Argumenten gegen eventuelle abschätzige Bemerkungen gewappnet.

Wer aber nicht mit Ablehnung gerechnet hatte, das war Ninuk. So hatte Luki übrigens sein Auto getauft. Ninuk stand hoffnungsvoll am Strassenrand, strahlte über die ganze Lackschicht samt Windschutzscheibe und Zierleisten und wartete auf die gewohnten Bewunderungsrufe und Komplimente, wie er sie bis anhin in seinem automobilen Leben vom früheren Besitzer und seinen Angehörigen zu hören bekommen hatte. Nicht, dass man nun über ihn hergefallen wäre. Aber dieses Räuspern der Mutter und ihre bohrenden Fragen über Sinn und Notwendigkeit eines Autos, die spöttischen Blicke des grossen Bruders und seine verächtlichen Schuhspitzentritte gegen den linken vorderen Pneu – das alles hatte Ninuk nicht erwartet. Diese ungewohnten ablehnenden Gefühle legten sich wie eine feine Staubschicht über seine ganze Karrosserie und nahmen ihr ein wenig von ihrem Glanz. Ninuks bisher unangefochtenes Selbstwertgefühl wurde angeknackst. Gab es das, jemand, der Autos im allgemeinen und ihn, den neuerworbenen und frischgetauften Ninuk nicht absolute Spitze fand? Wo war er da hingeraten?

Zum Glück setzte sich Luki hinter das Steuer und entführte sein Auto aus der unerfreulichen Situation hinweg. Mit halb zugekniffener Rückfahrtlampe sah Ninuk noch kurz die kopfschüttelnden Angehörigen von Luki am Strassenrand stehen. Dann konnte er nach der ersten Kurve aufatmen und verdrossen ein Abgaswölkchen und einen rechten Spritzer Kondenswasser ausspucken.

Damit war Ninuk allerdings nicht von Anfechtungen erlöst. Auch Lukis Freundin war sehr zurückhaltend in ihrem Urteil über den Wagen. Sie fand ihn ganz nett und praktisch, meinte aber, er sei nun wirklich nicht die nötigste Anschaffung; ein kleinerer hätte es mindestens auch getan, und ein Auto sei halt immer ein Umweltverschmutzer. Wieder so ein Tiefschlag!

Jetzt musste ihm Luki aber helfen! Doch dieser war den Argumenten nur halb gewachsen, er stammelte etwas von praktisch und von Notfällen bei schlechten Verbindungen und von grösseren Transporten. Offenbar war da einiges von Mutters Einflüssen hängengeblieben, vor der Freundin durften sie sogar ansatzweise zugegeben werden. Ninuk war erschüttert. Solch prosaische Dinge sollten seinen Lebenszweck aus-

41

machen! Auch das war er nicht gewohnt. Nichts mehr von dem Glanz, der bis anhin sein Leben umstrahlt hatte! Er, der Vielgepriesene, der sonst immer Gefühle von Luxus, Prestige und unbegrenzter Freiheit vermitteln durfte, sollte nun zum knapp geduldeten Zweckerfüller verkommen! Niedergeschlagen schleppte er sich und seinen Chauffeur durch die Strassen nach Hause. Und was für ein Zuhause! Nicht der bisherige geschützte Raum einer persönlichen Garage, nein, der Strassenrand neben einer schäbigen Laterne war nun sein Heim. Ein paar Tränen tropften von den Lampengläsern in den Rinnstein, und Ninuk versuchte einzuschlafen. Wie hasste er jetzt diesen Namen, der ihm mit seinem neuen Besitzer soviel Kummer gebracht hatte.

Immerhin war Ninuk aus Stahl, Guss und wetterfestem Kunststoff gefertigt und damit nicht von der weichsten Sorte. Sein angeschlagenes Gemüt erholte sich relativ rasch, und er fing an, sich in der neuen Lebenslage zurechtzufinden. Es gab natürlich noch viele Situationen, die ihm recht zu schaffen machten. Da war einmal Luki selber, der alle Mucken seines Autos – immerhin eine achtjährige Occasion – in seiner gewohnt unflätigen Sprache kommentierte. Aber auch Lukis Mutter blieb nicht still. Obwohl sie nach einer gewissen Karenzzeit sogar gelegentlich von Luki zu Grosseinkäufen chauffiert wurde, konnte sie es nicht lassen, ihren Sohn auch in

Ninuks Gegenwart in Grundsatzdiskussionen über Sinn und Unsinn des Automobils zu verwickeln. Und Luki musste seiner Mutter öfters recht geben. Die Sprüche aber, die der Bruder Adrian gelegentlich vom Rücksitz aus klopfte, nahm er nicht so ernst.

Doch steter Tropfen höhlt den Motorblock.

Statt sich mehr und mehr zu grämen, fing Ninuk langsam an, über das Gehörte nachzudenken. Obwohl es ihm ans Lebende ging, musste er sich eingestehen, dass einiges an Mutters Ideen ganz bedenkenswert war. Auch Adrians Gifteleien blieben gelegentlich in Ninuks Elektronik hängen. Er hörte ja selbst, welchen Krach er und all seine Artgenossen verbreiteten. An der Tankstelle sah er die zitternden Benzindämpfe entweichen, und in der morgendlichen Kolonne roch er, was seine Vordermänner für unangenehme Düfte ausströmten. Er fing an, sich für seinen Auspuff zu schämen, sein Pneuabrieb wurde ihm peinlich, und sein eigener Motorenlärm störte ihn je länger je mehr. Er fuhr nur noch ungern durch Waldstrecken, denn die mahnenden Zweigefinger der abgasgeschädigten Bäume trieben ihn jedesmal an, mit hochrotem Zylinderkopf der unangenehmen Begegnung zu enteilen. Doch dabei liess es Ninuk nicht bewenden. Etwas in seinem Dasein musste grundlegend geändert werden. Doch was? Und wer half?

Eines Abends stand – an den Laternenpfahl angekettet – Lukis Mountain-Bike direkt neben Ninuk. Es glänzte herausfordernd mit auffälligen Farben und trug auf dem japanischen Namenszug «Higa Komuta» stolz die Spuren seiner Schlammfahrten.

Ninuk hüstelte verlegen und redete das Fahrrad an. Wider Erwarten zeigte sich dieses recht gesprächig und verständnisvoll. Nichts von ökologischem Standesdünkel oder umweltbewusstem Understatement. Sehr aufmerksam hörte es sich die Klagen des Autos an. Landsleute in der Fremde mussten einander helfen. Doch dieser Fall von tiefer Einsicht und daraus resultierendem Totalverlust des Selbstwertgefühls war auch für Higa nicht einfach zu lösen.

«Was schlägst du vor?» «Ich möchte kein Auto mehr sein! Ich möchte etwas anderes werden.» «Das ist nicht einfach. Was soll es denn sein?» «Was weiss ich? Etwas allgemein Anerkanntes. Vielleicht so etwas wie du.» «Das geht nicht, du hast vier Räder, aber vierrädrige Bergvelos gibt es nicht.» «Ja, müssen es denn Räder sein? Ich hätte viel lieber Beine. Da könnte ich mich so richtig ökologisch fühlen.» «Da hilft nur Eugen, die gentechnologisch geschulte Eule, die unterm Dach des Biotechnikums haust.» Mit Hilfe der Fahrradklingel schellte Higa zwei Nachtvögel herbei und schickte sie als Boten aus. Innert kürzester Zeit brachten diese den Gen- **45** technologen Eugen auf den Plan. Geduldig hörte der sich Ninuks Probleme und Wünsche an, dann nickte er mit dem Kopf. «Du hast Glück. Heut ist Walpurgisnacht, da kann ich etwas für dich tun.»

Und nun ging's los. Ganze Scharen von Eulen, Fledermäusen, Faltern, Mardern, Kobolden und andern nachtaktiven Lebewesen lockte Eugen heran und schickte sie mit Aufträgen aus. Von Bauernhöfen, Weiden, Ställen und Miststöcken kehrten sie alsbald zurück und brachten unentwegt flatternd, fliegend, hüpfend und rennend immer von neuem winzig kleine Funde zu Eugen heran. Dieser nahm die Dinge dankend entgegen. Dann kletterte er emsig auf Ninuk herum und implantierte die Teilchen mit Hilfe von feinen Schnabelkratzern an verschiedensten Stellen der ganzen Karrosserie. Unter der Motorhaube nahm er dabei die Spezialkenntnisse der Marder zu Hilfe.

Allmählich begann Ninuks Wunsch Gestalt anzunehmen. Mit jedem Marderbiss und jedem Schnabelhieb verwandelte sich sein Aussehen, sei es, dass sich eine Einbuchtung bildete, sei es, dass eine Form herauswuchs oder sich die Oberfläche veränderte. Bis zum Morgengrauen manipulierte Eugen an Ninuk herum. Dieser fühlte sich wohler und wohler, sein Selbstbewusstsein stieg auf nie gekannte Höhen. Noch vor dem ersten Sonnenstrahl war die Arbeit fertig, Eugen entliess seine flattrige Schar und verabschiedete sich höflich von Ninuk. Dieser wollte sich mit einem langgezogenen Hupton bedanken. Doch da kam es ganz anders.

Luki, Adrian, die Mutter und viele Nachbarn rannten in den Nachthemden an die Fenster, auf die Balkone oder auf die Strasse. Sie alle waren von einem lauten, aber wohlklingenden «Muuuuh» aus dem Schlaf geschreckt worden. Auf Ninuks Parkplatz stand die Urheberin dieser morgendlichen Wecktöne: eine ausgewachsene, wunderschön schwarzweiss gefleckte Milchkuh. Die Strahlen der aufgehenden Sonne trafen auf die goldgelbe Glocke und spiegelten sich in den feuchten Kuhaugen. Auf der blinkenden Ohrmarke konnte der herbeigeeilte Luki deutlich lesen: «Nizda Spunny». Am Laternenpfahl lehnten, sorgfältig hingestellt, Ninuks Nummernschilder – amtliche Ordnung muss sein, das wusste auch Eugen.

Luki rief zur Mutter hinauf: «Ninuk heisst von jetzt an Annemarie, und ich werde Bauer!» Sein langgezogener Jauchzer mischte sich mit Annemaries zweitem «Muuuh!» und einem freudigen Kuhglockengebimmel.

Ein kleines Stück Welt war wieder in Ordnung.

Der achtzigjährige Antonio kam leicht ermüdet nach Hause, unterm Arm ein grosses Paket. Er hatte einen Radio mit Kassettenrekorder erstanden. Seine Frau Elvira hatte ihn losgeschickt, ein neues Gerät zu kaufen, weil ihre Tonbänder mit italienischen Canzoni auf dem alten Apparat nicht mehr schön genug tönen wollten. Antonio stellte die Schachtel auf den Stuhl im Wohnungsflur, packte das Ding aus, studierte flüchtig die Gebrauchsanweisung, steckte das Netzkabel an den richtigen Ort und setzte sofort die vier dazugehörenden Batterien ein. Dann drückte er auf den Knopf bei «ON – OFF», drehte die Lautstärke auf, und schon hörten seine nicht mehr ganz jungen Ohren die rassige Musik des örtlichen Lokalsenders. Stolz trug Antonio den laut tönenden Neuerwerb zu seiner Frau in die Küche und stellte ihn auf die Ablage. Dann schloss er das Netzkabel des laufenden Geräts in der nächsten Steckdose an.

«Siehst du, das läuft weiter und schaltet automatisch auf Netzbetrieb», meinte er, «so können wir Batterien sparen.»

Elvira bewunderte das Ding und war sehr zufrieden mit Antonios Kauf. Sofort brachte sie die neueste Kassette von Eros Ramazotti und bat ihren Mann, diese einzulegen. Antonio legte zuerst den Funktionsschalter auf «Tape» um. Jetzt hätte der Apparat verstummen müssen. Doch wider alles Erwarten ertönte die Musik des

Lokalsenders fröhlich weiter. Das konnte doch nicht sein!

«Was hast du denn da für ein defektes Zeug gekauft?» fragte Elvira. Antonio liess sich nicht aus der Ruhe bringen. «Der ist nicht defekt!» sagte er und schob den Schalter ein paarmal energisch auf und ab. Doch es änderte sich nichts. Gerade klang das Musikstück aus, und in gewohnt lockerer Art fing der Lokalmoderator mit seinem Geplauder an.

Jetzt wurde auch Antonio stutzig. Das gab es doch nicht! Schon das erste Hebelchen, das er betätigte, versagte. So etwas wollte er sich von dem blöden Kasten nicht bieten lassen.

«Halt die Klappe, du Blödmann!» rief er dem Kerl im Radio zu und drückte auf den Abstellknopf. Dieser sprang ordnungsgemäss heraus, doch der Blödmann erzählte fröhlich seinen Kalauer, den er soeben begonnen hatte, fertig, und sofort fing Tina Turner an, einen Song in die Küche zu jubeln.

Elvira meinte trocken: «Also doch Schrott! Stell ihn wenigstens etwas leiser.» «Du kannst einen beruhigen!» erwiderte Antonio, «dem zeig ich's schon!» und er drehte die Lautstärke zurück. Damit liess sich Tina Turner aber durchaus nicht leiser machen. Mit einem Ruck zog Antonio so am Kabel, dass der Stecker schwungvoll aus der Dose sauste. Tina Turner sang lauthals weiter.

«Logisch, jetzt hat er auf Batteriebetrieb umgestellt», meinte Elvira. «Das weiss ich auch, ich hab dir's ja gerade erklärt. Aber den Saft kann ich ihm ja auch noch wegnehmen.»

Elegant legte Antonio den Apparat um und riss die Klappe an der Seitenwand auf. Im Takt der hartnäckig weitertönenden Musik kollerten die vier glitzernden Kraftspender auf den Tisch. Elvira und Antonio schauten sich nur noch an. Endlich meinte Elvira: «Das geht nicht mit rechten Dingen zu, der ist verhext.»

«Du mit deiner Esoterik! Das lässt sich sicher ganz einfach technisch erklären. Vielleicht ist das ein extrem empfindlicher Empfänger, der auch ohne Stromzufuhr funktioniert, oder die bei Radio ‹Blabla› senden mit soviel Power, dass man sie sogar mit einem ausgeschalteten Toaster empfangen könnte.»

«Davon hab' ich bis jetzt nichts bemerkt. So geht das jedenfalls nicht, du musst den Apparat sofort zurückbringen.»

«Wie soll ich denn das machen? Ich kann doch nicht mit dieser lärmenden Knalltüte auf die Strasse gehen oder ins Tram steigen. Alles wird sagen, ich spinne, ein achtzigjähriger Streetboy mit Ghettoblaster.»

«Dann schmeiss ihn doch in den Hof hinunter, ich hab genug davon.»

Kopfschüttelnd verliess Elvira die Küche. Antonio rief ihr nach:

«Du sagst es. Soweit bin ich auch schon bald», packte den Apparat und ging damit auf den Balkon hinaus. Wenigstens drohen wollte er dem blöden Kasten und hob ihn hoch übers Geländer. Doch was hörte er da? Nichts! Der Radio war ganz stumm.

«Jetzt bist du erschrocken!» lachte Antonio schelmisch und überlegte sich gleich, welche technische Raffinesse wohl die Ursache des Verstummens sei.

Mit dem Ruf: «Du, jetzt funktioniert's normal!» trat er in die Küche zurück. Doch Pech gehabt! Sofort ertönte wieder die Musik von Radio «Blabla». Nein, nicht schon wieder! Antonio rannte auf den Balkon und horchte. Erneute Funkstille.

In dem Moment kam Elvira aus dem Wohnzimmer in die Küche und wollte den Erfolg miterleben. Plötzlich hörte Antonio ein lautes Gelächter. «Komm einmal herein, lass dein Perpetuum Mobile aber draussen!» rief Elvira.

Gespannt trat Antonio in die Küche. Elviras lautes Lachen vermischte sich mit Musik. Was war jetzt das wieder? Elvira zeigte grinsend auf die Ablage. Dort stand ihr kleiner Transistorradio und plärrte vor sich hin.

«Musst du den jetzt auch noch einstellen?» fragte Antonio, «mir genügt der andere!»

«Ich habe den jetzt nicht eingestellt, der lief schon die ganze Zeit hinter dem Brotkorb, und du hast gemeint, es sei dein neuer Wunderkasten.»

Endlich ging auch Antonio ein Licht auf. Das durfte nicht wahr sein, das war zu einfach und zu blamabel! Grimmig sagte er: «Erstens hast du das auch gemeint, und zweitens ist es dein Wunderkasten.»

«Erstens hast du natürlich recht, und zweitens danke ich dir ja auch herzlich dafür, mein begabter Toningenieur!» sagte Elvira lachend und fiel ihrem geliebten Antonio um den Hals. Jetzt war das Eis gebrochen, und auch er konnte in ein befreites Lachen einstimmen.

«Moment!» sagte er prustend, holte das ominöse Gerät herein, hantierte kurz an den beiden Apparaten herum, und schon ertönte das aktuellste Lied von Eros Ramazotti aus den neuen Lautsprechern. Dann packte er seine Elvira um die Hüften, und laut lachend tanzten die beiden miteinander durch die Küche.

FERNSEHEN GEGEN MAIKÄFER

Schon seit einiger Zeit steht die Frage im Raum: Verdrängt das Fernsehen den Maikäfer?

Dieses Problem soll nun im folgenden Aufsatz endlich einmal ernsthaft untersucht werden.

Man braucht kein Wissenschafter zu sein, um festzustellen, dass in unseren Breitengraden immer weniger Maikäfer zu finden sind. Für das Verschwinden des so beliebten Tierleins werden die verschiedensten Gründe angeführt. So wird die Vermutung geäussert, durch Fichieren der im Untergrund tätigen Engerlinge sei eine Dezimierung der Art erreicht worden. So ein Ergebnis wäre aber eine absolute Ausnahme und ist damit höchst unwahrscheinlich.

Nach meiner Meinung muss in erster Linie das Fernsehen für das Verschwinden verantwortlich gemacht werden.

Vom wirtschaftlichen Standpunkt aus gesehen ist das Ganze ein klares Problem von Angebot und Nachfrage. Da die geburtenstarken Käferjahrgänge von der jahrelangen Engerlingentwicklung abhängig sind, treten die Maikäfer nur alle drei Jahre auf, und dies erst noch nur während des Monats Mai. Mit dem Berner, Basler oder Bündner Flugjahr wird das Erscheinen auch lokal begrenzt. Das Fernsehen hingegen fällt das ganze Jahr regelmässig über uns alle herein, ist weltweit verbreitet und konnte somit als Marktleader den Maikäfer von seiner Position verdrängen.

Fernsehen wie Maikäfer fressen Blätter. Haben die Käfer einmal tüchtig zugeschlagen, geht es nur geraume Zeit, bis die Bäume neues Grün entwickeln. Das Fernsehen hat aber im schweizerischen Blätterwald schon so radikal aufgeräumt, dass manches Blatt für immer verschwunden ist. Fernsehen ist also effizienter als der Käferflug.

Auch soziologische Gründe sind beachtenswert. Galt der Maikäfer früher als der Verkünder von vielerlei Maifreuden, die man sich dann allerdings auch auf irgendwelche Art selbst verschaffen musste, so liefert das Fernsehen heute alle aufregenden Erlebnisse direkt ins Wohnzimmer. Was ist da schon Gruseliges daran, wenn Klein Moritz eines der Krabbeltierchen im Rückenausschnitt seiner Schwester versenkt? Frankenstein und Konsorten besorgen die Hühnerhaut viel einfacher und schneller. Werbespots und abendliche Spätsendungen bedienen den Zuschauer mit allen Freuden des Lebens, und wer genormte hübsche Käfer sehen will, der kann amerikanische Familiensagas auf den Bildschirm holen.

Nun gibt es zum Schluss noch einen technischen Aspekt zu erwägen. Maikäfer sind bekanntlich mit zwei Antennen ausgestattet. Wer sagt uns, ob diese Rezeptoren nicht ständig und unfreiwillig eine Flut von Televisionsprogrammen aufnehmen müssen, zumal diese Umweltbelastung heute via Satelliten unausweichlich den ganzen verfügbaren Raum beherrscht? Wer hält das im Kopf noch aus? Auch ein Maikäfer nicht!

Das Verschwinden der niedlichen Krabbler ist also programmiert. Das Brummen der Bildröhre und das Flimmern der Sendestörung werden uns in Zukunft das Erlebnis des abendlichen Käfergewimmels ersetzen müssen.

Dem unverbesserlichen Romantiker bleibt immer noch der Weg in die Konditorei…

In den USA hat sich endlich die Erkenntnis durchgesetzt, dass neben dem Nasen-Hals-Ohrenarzt, dem Augenarzt und vor allem dem Zahnarzt auch die Haarärztin oder der Haararzt durchaus ihre Berechtigung haben, nein, dass sie ein dringendes Bedürfnis abdecken. Die Ausbildung der entsprechenden «medical specialists» ist an verschiedenen Universitäten in vollem Gange; die ersten Absolvent(inn)en haben ihre Praxen eröffnet. (Der englische Ausdruck umfasst immer Ärztin und Arzt. Entsprechend sollen in den folgenden Erläuterungen mit einer der zwei deutschsprachigen Bezeichnungen jeweils beide Geschlechter gemeint sein).

Jamee, die Tochter eines kalifornischen Freundes, ist Haarärztin. Sie hat uns in ihre Praxis eingeladen und uns ihre Tätigkeiten erklärt.

Da die «Haries» – im Gegensatz zur «Karies» – nicht wehtut, wird ihr viel zu wenig Beachtung geschenkt. Der Haararzt kann sie mit einer stark vergrössernden Kamera auf einem Bildschirm rechtzeitig erkennen und ihren Folgen Einhalt gebieten. Löcher in den Haaren werden mit feinsten Instrumenten ausgebohrt und dann mit einer Füllung aus einem Zweikomponenten-Kunstharz geschlossen. Metallische Füllungen haben sich als zu wenig elastisch und zu kurzlebig erwiesen.

Allzu stark beschädigte Haare werden mit der Haararztzange einzeln gezogen. Empfindliche

Patientinnen, aber vor allem Patienten, verlangen vor Extraktionen eine lokale Anästhesie.

Zwei Haararzt-Assistentinnen gehen Jamee zur Hand. Eine spannt jeweils das zu behandelnde Haar schön aus, die andere steht – ähnlich wie beim Zahnarzt – für die üblichen Handreichungen zur Verfügung. Es lässt sich leicht vorstellen, wie aufwendig die Arbeit wird, wenn nur schon einige Prozente aus den Zehntausenden von Haaren eines Menschen zu behandeln sind.

Vorläufig stehen die Haarärzte noch im Kampf mit den Friseuren, denn diese schnipseln oft unbesehen behandelte Haare ab oder entsetzen sich, wenn beim Haarefärben die Flickstellen einen falschen Farbton annehmen. Doch langsam bahnt sich unter der Federführung des haarärztlichen Instituts der «Hairvard University» eine Zusammenarbeit zwischen den Berufsverbänden von Haarärzten, Haartechnikern und Haarstylisten an.

Einem eigentlichen Haarersatz hat man sich schon früher zugewandt. Perücken und Toupets sind jedoch, vom capillarmedizinischen Standpunkt aus gesehen, rein handwerkliche Scheinlösungen. Seit einiger Zeit haben bekanntlicherweise einige Hautärzte schönheits-chirurgische Versuche gemacht, mit Haarimplantaten die kahle Kopfhaut wieder zu bedecken. Sie waren damit aber bis jetzt noch nicht durchwegs erfolgreich. Doch nun soll die Haarprothetik in haarärztliche Hände gelegt werden. Stark schadhafte Haare werden von der Haarärztin einzeln wurzelbehandelt und mit einem Synthetikaufbau sorgfältig wiederhergestellt. Auf sogenannten «Brücken», das sind Verbindungsstücke zwischen zwei verwurzelten Haaren, werden weitere künstliche Haare hochgezogen. Im Laufe eines Jahres kann Jamee auf diese Weise einen ganzen Haarschopf rundumerneuern.

Auch wenn in der Regel beim Menschen kranke und ausgefallene Haare – im Gegensatz zu den Zähnen – durch nachwachsende ersetzt werden, sollte laut Jamees Meinung der Forderung nach Haarhygiene mehr Nachdruck verliehen werden. Ein tägliches Haareputzen mit Haarbürste und geeigneter Haarpasta ist nach Mahlzeiten, Autofahrten und Restaurantbesuchen unerlässlich und erspart Haararztkosten. So können die Hariesbakterien viel weniger wirksam sein. Schon Kinder müssen frühzeitig zur Haarpflege angeleitet werden. Es stehen besondere, nach Bazooka-Kaugummi oder Coca-Cola duftende Kinderhaarpasten zur Verfügung. Trotzdem sollten alle zur Kontrolle jährlich einmal den Haararzt aufsuchen.

Durch Ablagerungen von Küchendämpfen, Kneipendunst und Abgasen entsteht an den Wurzelansätzen unserer Haare der sogenannte Haarstein. Er kann zur Entzündung und Rückbildung des Haarfleisches auf unserer Kopfhaut führen. Um einem irreversiblen Haarausfall Einhalt zu gebieten, muss der Haarstein durch eine ausgebildete Capillarhygienikerin (CH) von Zeit zu Zeit entfernt werden. Dabei wird jedes Haar mit einer speziellen Kalibrierzange am Ansatz erfasst und gegen das Haarende hin abgeschabt. Die Behandlung dauert in drei Sitzungen insgesamt etwa zwölf Stunden.

Nun soll mit einer breitangelegten Aufklärungskampagne die Haarmedizin auch auf unserem Kontinent bekanntgemacht werden. In Haarlem (NL) wurde die «Haarärztliche Interessen-Gemeinschaft» (HAARIG) gegründet. Unter ihrem Patronat wird das Musical «Hair» auf Tournee gehen. Mit leichten Textretouchen und begleitenden Informationen von Professor Hartwig Haarscheid aus Haar bei München soll den Zuschauern die Notwendigkeit einer umfassenden haarärztlichen Versorgung vor Augen geführt werden.

Über den haarigen Häuptern der alten Welt schwebt somit die Aussicht auf harte Zeiten. Unser harren Stunden beim Haararzt, erfüllt mit dem haarsträubenden Sirren des Haarbohrers, gefolgt von horrend hohen Haararztrechnungen. Glücklich, wer haarlos gefahrlos durchs Leben geht!

Ursula kaufte sich in der Papeterie ein Dutzend Bleistifte, einen Radiergummi und einen kleinen Bleistiftspitzer. Sie steckte die Dinge in die Schlaufen eines Schüleretuis und versorgte dieses in ihrer Mappe.

Diese Tätigkeit war ein Teil von minutiös organisierten Vorbereitungsarbeiten, die Ursula seit einiger Zeit für sich und ihre nähere Umgebung in die Wege leiten musste. Sie hatte nämlich trotz vier Söhnen und einem Ehemann – oder vielleicht gerade wegen dieser fünf Männer – mit vierzig Jahren noch angefangen, Psychologie zu studieren. Und da brauchte sie für die Vorlesungen Bleistifte, um Notizen zu machen. Viele Dozenten geben ja heute noch kein Skript ab, und die Studenten sind darauf angewiesen, sich das Wichtigste der Vorlesung aufzuschreiben.

Sie hatte sich für ihre Notizen ein raffiniertes System angeeignet, das sie als «Cluster-Methode» in einem Buch gefunden hatte. Sie schrieb nicht einfach der Vorlesung folgend das Papier von oben nach unten voll, sondern sie setzte alles, was sie behalten wollte, in verschiedene umrahmte Felder, die sie fortlaufend auf sauber geordneten Blättern anlegte und je nach Bedarf mit Pfeilen untereinander verband. Ein markiertes Stichwort innerhalb von jedem Rahmen signalisierte den Inhalt des angezielten Teilbereichs. Sie konnte die Felder auch immer wieder mit neuen Informationen ergänzen und erreichte so in ihren Notizen eine übersichtliche Ordnung, die durch den oft eher wirren Ablauf der Vorlesungen niemals gewährleistet worden wäre.

Ursula war stolz auf ihr System. Sie hatte damit viel weniger Schreibarbeit als ihre Mitstudentinnen und -studenten und war am Ende erst noch im Besitz einer leicht lesbaren Unterlage zum raschen Repetieren und Lernen.

Aber spitze Bleistifte und einen Gummi brauchte Ursula, denn oft galt es, eigentlich vollgeschriebene Felder zu erweitern, mit feinster Schrift nachträglich dozierte Ergänzungen anzubringen oder falsch plazierte Notizen in andere Bereiche umzulegen. Auch schöne Zeichnungen und klare grafische Darstellungen setzte die fleissige Ursula immer wieder scharf umrahmt zwischen die Wortgruppierungen.

Als «Notizengemälde» oder «Vorlesungslandschaften» wurden Ursulas Werke bald unter allen Mitstudierenden und sogar bei einigen Dozenten bekannt, und je nachdem bewundert, belächelt oder auch neidisch beargwöhnt.

Eines Tages sass Ursula bei Professor Steiger in der Hauptvorlesung über Entwicklungspsychologie. Wie immer hatte sie zu Beginn der Stunde sechs Bleistifte gespitzt und diese samt Gummi in einer ordentlichen Reihe vor sich hingelegt.

Sie war gerade daran, all die geschilderten Umstände, die bei einem Menschen zu übertrie-

66

benem Ordnungssinn führen können, in der bekannten Weise gut gegliedert darzustellen.

«Verfrühte Reinlichkeitsgewöhnung», «Ordnungszwang», «Anale Phase», «Freud», «Piaget» waren unter anderem Stichwörter, die ihre Notizfelder charakterisierten.

Da war die Rede von Menschen, die ihre Tagesabläufe zwanghaft in geregelte Bahnen lenkten, die für sich, und am liebsten auch für alle Mitmenschen, klare unveränderbare Ordnungen herstellen wollten und so ihr Leben ungestört in Griff zu bekommen versuchten. Die Gründe für dieses Verhalten sollen gemäss der Entwicklungspsychologie in der zu frühen Sauberkeitserziehung liegen. Mit einer solchen kann das Kind die sogenannte «anale Phase» nicht ausleben und schleppt die Folgen dieser Fehlentwicklung in Form von Ordnungsneurosen mit sich.

«Sollte eigentlich allgemein bekannt sein», dachte Ursula und legte in einer Redepause den stumpfen Bleistift zuoberst in die Reihe und nahm unten einen frischgespitzten weg. Dann betrachtete sie wohlgefällig ihr sauberes Werk, überflog den Inhalt und erfasste ihn auf einen Blick.

Da fuhr es ihr plötzlich ganz heiss durch den Kopf: «Um Freudeswillen! Ist denn da nicht von mir und meiner Lebensweise die Rede?»

Sie betrachtete ihre peinliche Pultordnung und die gestochen sauber angelegte Notizwelt.

67

Dann schielte sie nach links und nach rechts. Ihre Kommilitoninnen und Kommilitonen lümmelten sich mit ihrem lockeren Outfit in den Hörsaalpulten, kritzelten in ihren chaotischen Notizen herum oder hörten mehr oder weniger aufmerksam dem Dozenten zu. Lachte sie der Langhaarige dort drüben nicht etwa hämisch an?

Schnell machte Ursula einen ordnenden Griff in die Haare und strich den Rock glatt. Dann wandte sie sich wieder ihren Papieren zu. Doch die Aufmerksamkeit war dahin. Ursula erinnerte sich an den strikten Arbeitsplan, den sie für ihre vier halbwüchsigen Söhne erstellt und in die Küche gehängt hatte. Und den sie durchsetzte! Dann dachte sie an ihren ganz genau geregelten Tagesablauf, dem sie sich unterworfen hatte. «Die denken gewiss alle, ich sei ein ‹analer Charakter›. – Sollen sie doch denken, was sie wollen! – Nein, die denken doch überhaupt nicht an mich. – Aber ich, habe ich trotzdem eine Ordnungsneurose?»

Ursula beschloss, darüber nachzudenken, wenn sie mehr Musse hätte, und notierte schwungvoll ihre letzten Stichwörter. Die anstrengende Vorlesung war zu Ende. Etwas verwirrt verliess sie den Hörsaal. Eine Kollegin eilte ihr nach und sprach sie an:

«Du, ich habe deine Notizmethode kopiert. Die klappt wunderbar, ein grossartiger Zeitgewinn! Hast du in allem so eine Ordnung?» Ursu- **69** la musste ihr eingestehen, dass sie erst durch den Zwang ihrer Mehrfachbelastung auf diese rationelle Arbeitsweise gestossen sei. «Ich war eher etwas chaotisch bis jetzt.» Diese Einsicht tat ihr wohl! ‹Der Not gehorchend, nicht dem eigenen Triebe.› – Wie das abgedroschene Zitat hier passte und sie in ihren Befürchtungen entlastete!

Daheim gönnte sich Ursula trotzdem einen Moment zum Nachdenken. Litt sie unter zwanghaftem Ordnungssinn? Hatte ihre Mutter sie vielleicht doch zu früh aufs Töpfchen gesetzt? Markus, ihr Mann, der gerade heimkam, nahm ihr die Antworten ab: «Das ist gut, dass du allein bist. Ich wollte dir schon lange etwas sagen. Weisst du, Ursula, ich hätte nie geglaubt, dass du in deiner Multifunktion als Hausfrau, Mutter und Gattin auch noch als Studentin bestehen könntest, bei dem lockeren Ordnungssinn, den du früher immer hattest. Offenbar hast du es mit deinem plötzlich erwachten Organisationstalent geschafft. Ehrlich gesagt, ich könnte das nie.»

Markus war ganz erstaunt, als er für dieses ehrlich gemeinte Kompliment von Ursula mehr als einen Kuss bekam.

Spät in der Nacht, nach ausgiebiger Fachlektüre, begann Ursula noch eines ihrer Notizgemälde. Im dominierenden Mittelfeld stand dick umrahmt: «Mein lieber Markus.»

EHRENBEZEUGUNGEN

An einem Samstagvormittag im Mai wollte ich einen längst gefassten Vorsatz in die Tat umsetzen: Unser Bastelraum hatte wieder einmal eine Räumaktion nötig. Da drin lagen Werkzeug, Spielsachen, Kisten mit Gerümpel und all das, was Kinder so aufbewahren, wirr durcheinander.

Zwar schien eine prächtige Frühlingssonne – es war der erste schöne Tag nach einer Regenwoche – da zog es mich eigentlich hinaus. Doch die Gelegenheit war günstig, ich hatte Zeit, und die Kinder waren in der Schule und konnten nicht ständig dreinmaulen, wenn ich ein altes Stück wegschmeissen wollte.

Ich hatte es furchtbar lustig, im Radio lief gute Musik, und ich machte allerlei Spässe: Ich schwang ein Heulrohr im Kreis herum, bevor ich es versorgte, blies in eine Kindertrompete, setzte eine zerknüllte Pappnase auf und pustete diese dann direkt in den Abfalleimer.

Obwohl ich die ganze Zeit solchen Schabernack trieb, sah der Bastelraum nach zwei Stunden tadellos aufgeräumt aus. Drei prallgefüllte Kehrichtsäcke standen zum Abholen bereit. Auf meiner Werkbank lag eine Liste der Dinge, die ich ergänzen oder neu anschaffen wollte. Der Axtstiel war zum Beispiel längst gerissen und musste ersetzt werden. Ich brauchte auch eine Dose Goldbronze, um den Briefkastendeckel fertig zu streichen, und einen neuen Karborundumstein zum Abziehen meiner Messer, denn der alte war zerbrochen.

Mit dem Axtstiel in der Hand – ich dachte, ich brauchte ihn wohl als Muster – zog ich los. Ich wollte im Dorf zu unserem Eisenwarenladen gehen, wo es einfach alles zu kaufen gibt.

Die Nachbarin am Fenster rief mir lachend ein «Hallo» zu, ich winkte fröhlich zurück. Ein wildfremder Herr schenkte mir ein huldvolles Kopfnicken, und zwei Kindergartenschüler schauten mich mit grossen Augen an und sagten:

«Guten Tag!»

Heute waren die Leute offenbar besonders gut gelaunt, denn die meisten grüssten mich. Auch ich war beschwingt und gab all den freundlichen Menschen den Gruss mit erhobenem Axtstiel zurück. Manche winkten mit der Hand, und ein älterer Herr legte stramm die Rechte an den Hutrand.

Dann betrat ich die Eisenwarenhandlung. Aus allen Ecken tönten mir herzliche Begrüssungsworte entgegen. Ein Angestellter kam herbeigeeilt und fragte mich strahlend nach meinen Wünschen.

Offensichtlich war der Verkäufer wie ich heute zu allerlei Spässen aufgelegt. Jedenfalls stellte er die Büchse Goldbronze und den Karborundumstein vor mich hin und sagte:

«Echtes Gold und ein Karfunkelstein wären wohl passender.» «Gewiss!» lachte ich fröhlich, hatte den Witz allerdings nicht verstanden.

Den Axtstiel trug er auf den Handflächen herbei und überreichte ihn mir mit einer Verbeugung. Auch der Heimweg war sehr erfreulich. Wieder grüssten mich viele gutgelaunte Leute. Sie wirkten auf mich wie ein bisschen abgehoben, denn alle schienen über mich hinweg in den Himmel zu blicken.

Als ein belgisches Auto die Fahrt verlangsamte und alle Insassen mir im Vorbeifahren lachend zuwinkten, dünkte mich die Freundlichkeit doch etwas übertrieben.

«Wie so ein schöner Maimorgen doch die Menschen verändert», sagte ich mir und betrat unser Haus.

«Geht's noch?» begrüsste mich die fünfzehnjährige Tochter recht unfreundlich. Da hatten wir's: Alle waren nett, nur die Pubertierenden mussten motzen. «Du willst doch nicht behaupten, du seist so im Dorf gewesen?» fuhr sie fort.

Erst jetzt fiel mein Blick in den Spiegel an der Wand. Da stand ich, in der linken Hand, wie ein Reichsapfel, das rundliche Paket, rechts der Axtstiel als Szepter und auf dem Kopf – um Gotteswillen – die schäbige Papierkrone vom letzten Dreikönigskuchen, die ich beim Aufräumen zum Jux aufgesetzt und wegen meines dichten Haarbuschs nicht mehr gespürt und deshalb vergessen hatte.

Ich riss das verflixte Ding vom Kopf und wusste nicht, ob ich lachen oder weinen sollte.

Nun war mir alles klar. All diese freundlichen Menschen, die mich heute gegrüsst und gesprochen hatten, waren nur auf einen vermeintlichen Spass eingegangen und hatten – jeder auf seine Art – meiner Majestät gehuldigt.

Nachträglich hätte ich alle zehn Schritte im Boden der Dorfstrasse versinken können.

Und erst im Laden! Ich hatte mich offenbar doch nicht getäuscht, als ich im Hinausgehen zu hören glaubte, wie mir jemand nachrief:

«Grüssen Sie Melchior und Balthasar!»

Ich war also der Kaspar des Dorfes! Das Gelächter der Familie wollte kein Ende nehmen. Ich schnitt mir sofort die Haare und liess mir einen Vollbart wachsen. Sechs Wochen lang zeigte ich mich nicht mehr im Dorf. Mein Auftritt sollte vergessen werden.

Letzthin grüsste mich ein Kind:

«Guten Tag, Herr König!»

«Ich denke, es gibt Erfahrungen, die prägen unser Verhalten für ein ganzes Leben!»

Mit diesen Worten versuchte ich immer wieder, mich zu rechtfertigen, wenn ich von meiner Umgebung auf meine Essgewohnheiten angesprochen wurde. Ich war ein Schnellesser, ich schlang Speis und Trank in mich hinein und merkte oft zu spät, ob ich satt war. Das bekam meiner Linie gar nicht und verdarb offenbar gewissen Leuten die gemütliche Stimmung an Esstischen. Deshalb die Bemerkungen. Natürlich störte mich meine Art selber, und ich erzählte immer wieder, wie es dazu gekommen war:

«Nach meiner Schulzeit wurde ich von meinen Eltern für ein Jahr ins Institut ‹St. Brice› in Lacombe gesteckt. Dort sollte ich Französisch und etwas Benehmen lernen. Mit beidem war es nicht weit her. Vor allem die Tischsitten litten. Wie die Wölfe stürzten sich die heisshungrigen Jugendlichen jeweils auf die Mahlzeiten. Wer nicht schnell genug ass, hatte keine Chancen, die notwendige zweite Ration zu ergattern. Und leider ist ein Stück von jener Erfahrung an mir hängengeblieben.» Soweit meine Erklärung.

«Ja, so ist das eben!» seufzte ich zum Schluss und schob noch ein paar Kekse nach.

Vor ein paar Wochen erschien nun in unserem Büro ein neuer Kollege, ein schlanker junger Mann von ruhigem Wesen. In den Arbeitspausen kamen wir miteinander ins Gespräch, und ich fand, er sei ein angenehmer Zeitgenosse. Deshalb fragte ich ihn eines Tages, ob er mit mir ins nahe Restaurant zum Mittagessen komme. Er war gleich einverstanden.

Wir haben eine Stunde Mittagspause. Das fand ich immer knapp. Ich schaute deshalb darauf, dass ich die Mahlzeiten rasch hinter mich brachte, damit ich eine Viertelstunde in einem Sessel unserer Besucherecke dösen konnte.

Nun fiel mir schon bei der Lektüre der Speisekarte auf, wie Paul – so heisst der Kollege – sich sorgfältig mit der Zusammenstellung seiner Mahlzeit befasste. Mir genügte ein Blick im Vorbeigehen, und ich sah auf dem Anschlag beim Eingang, welches Menu ich wählen wollte.

Mit Staunen sah ich dann meinem Begleiter zu, wie er ass, nein, wie er sein Essen zu sich nahm, oder noch besser, wie er seine Mahlzeit zelebrierte.

Er schaute liebevoll in seinen Suppenteller, und bevor er den Löffel eintauchte, wählte er sorgfältig die Einlagen, die er aufzunehmen gedachte. Ich hatte meinen Teller Fleischbrühe mit Klösschen schon lange leergegessen, als Paul sich immer noch Löffel für Löffel bedächtig zu Gemüte führte, den Inhalt genüsslich im Munde herumdrehte und dann mit geschlossenen Augen hinunterschluckte.

So ging das während des ganzen Essens. Paul nahm ein Stücklein Fleisch auf die Gabel, führte es in den Mund, legte das Besteck ab und fing hinwendungsvoll an zu kauen. Ganz gemütlich ass er sich durch sein Geschnetzeltes mit Reis und Salat. Immer wieder wischte er sich den Mund ab und trank einen Schluck von seinem Bier. Er liess sich weder durch meine Erzählungen noch durch andere Gäste von seinem Tun ablenken, und sein Blick war immer ganz aufmerksam auf seinen Teller oder auf sein Glas gerichtet. Er sprach auch kaum etwas, nickte nur zu meinen Bemerkungen oder murmelte manchmal ein anerkennendes Wort über die Salatsauce oder den Trockenreis.

Nachdem ich schon zwei Zahnstocher gebraucht, zu Kleinholz zerbrochen und im Aschenbecher versorgt hatte, war ich gerade daran, mit nervösen Fingern einen Bierfilz zu ruinieren. Paul schob eben erst die allerletzten Reiskörner sorgfältig durch die Sauce und ass sie dann bedächtig auf.

Den Kaffee bestellten wir miteinander, solange hatte ich gewartet, mit Mühe zwar, doch der Anstand gebot mir das.

Ich brauchte meinen Milchkaffee vor allem dazu, um die trockenen Brosamen eines verschlungenen Stücks Linzertorte hinunterzuschwemmen. Paul aber bemühte sich darum, den Genuss seines Tässchens Espresso als andächtiges Ritual zu gestalten. Schlückchen für Schlückchen nahm er zu sich, der Ausklang seiner mittäglichen Feierstunde.

Ich bin sicher, es war ihm völlig entgangen, wie ich hastig gegessen und seinem gelassenen Tun zappelig zugesehen hatte. Erst nach dem letzten Schluck wandte er seine Aufmerksamkeit uneingeschränkt mir zu und erzählte mir, wie ihm dieses Essen in angenehmer Gesellschaft geschmeckt habe. Ich schluckte leer und schaute ihn komisch an.

Mit Bewunderung und Neid beobachtete ich in der Folge meinen Kollegen am Mittagstisch. Ich versuchte – mit geringem Erfolg – etwas langsamer zu werden. Mein Nickerchen im Besuchersessel hatte ich aufgegeben, ich brauchte es nicht, denn das Zusammensein mit Paul beruhigte mich immer mehr.

Unsere Essgewohnheiten waren nie ein Thema in unseren Gesprächen. Doch vor ein paar Tagen sprach ich ihn nach dem Essen darauf an.

Paul lachte nachdenklich und fing an zu erzählen: «Weisst du, dieses bewusste Essen und Geniessen musste ich mir nach einer schlechten Erfahrung in meiner Jugend mit viel Aufwand angewöhnen. Das kam so: Nach der Schulzeit steckten mich meine Eltern für ein Jahr ins Institut ‹St. Brice› in Lacombe. Ich sollte dort Französisch ... ».

Mit hochrotem Kopf hörte ich zu, wie er meine vielzitierte eigene Geschichte fast wörtlich erzählte.

Paul schloss mit den Worten: «Ich denke, es gibt Erfahrungen, die prägen unser Verhalten für ein ganzes Leben.»

Ich wurde ganz still.

In letzter Zeit fragen mich meine Angehöri-gen beim Essen, ob es mir nicht schmecke. Ich murmle nur ein leises «Ausgezeichnet» vor mich hin und wende mich wieder bedächtig meiner Mahlzeit zu. Ist das Leben auf einmal schön! Ich habe übrigens schon fünf Pfund abgenom-men.

Pascale Schwarz war wütend. Sie stand in der Menge eingeklemmt und konnte dem enttäuschend blöden Kerl neben ihr nicht entkommen.

Er war ihr seit einiger Zeit täglich frühmorgens auf ihrem Weg zur Arbeit begegnet. Anfänglich hatte sie ihn kaum beachtet, er schien auch keine Notiz von ihr zu nehmen. Dann aber fiel ihr – auch mit gesenkten Augen – auf, dass er angefangen hatte, sie beim Vorbeigehen fast unentwegt anzustarren. Einerseits war ihr das unangenehm, andererseits fühlte sie sich geschmeichelt, denn der dunkelhaarige Mann gefiel ihr.

Eines Tages überlegte sie sich, wieso eigentlich Männer das Recht haben sollten, Frauen ungeniert ins Gesicht zu gucken, während von diesen ein züchtiges Augensenken erwartet wurde. Am nächsten Morgen schaute sie keck zurück, bis der Mann sie kreuzte. Er wünschte ihr lächelnd einen guten Morgen.

Mit klopfendem Herzen kam sie an ihrem Arbeitsplatz an. Seither hatten sich die beiden immer mit einem fröhlichen Lächeln gegrüsst. Pascale hatte diese Begegnungen mit ihrem «Morgenmann», wie sie ihn im Stillen nannte, richtig genossen. Heimlich hatte sie auf weitergehende Annäherungen gehofft. Und nun das.

Sie war ihm im Kino beim Hinausgehen begegnet. Erst nach einiger Zeit hatte sie entdeckt, dass er sich neben ihr mit der drängelnden

Menge gegen den Ausgang schob. Von ihm unbemerkt versicherte sie sich, dass er allein war. Dann nahm sie allen Mut zusammen und sagte: «Da sieht man sich einmal an einem anderen Ort.» Er schaute erstaunt zur Seite, stutzte und lachte sie an. War das Lachen erfreut oder spöttisch? Er sagte etwas unbeholfen: «Dabei kennen wir uns eigentlich gar nicht.» Das stimmte.

Sie beeilte sich, ihm mit Vorstellen zuvorzukommen: «Ich heisse Pascale Schwarz.» Jetzt schaute er sie gross an und grinste wieder so eigenartig. Dann sagte er: «Pascal Weiss» und lachte laut heraus.

Ach, der Trottel! Wieder so ein unmöglicher Spassvogel, der sie nicht ernst nahm und solch saudumme Wortspielereien mit ihrem Namen trieb!

Bemerkungen wie «Aber Frau Schwarz, Sie sind ja blond!» und fröhliche Spässe wie «Aha, die Schwarzmalerin!», «Schwarz wie die Nacht!» oder «Ein bunter Vogel!» hatte sie schon lange satt. Jetzt kam ihr Morgenmann auch noch mit solchen Sprüchen.

Pascale schaute zuerst wütend zur Seite und wollte wegdrängen. Dann wandte sie sich ihrem offenbar schon verlorenen Traummann zu und sagte enttäuscht: «Mir wäre lieber gewesen, sie hätten sich auch vorgestellt, statt wie viele andere über meinen Namen zu lachen und ihn zu verdrehen.»

Jetzt lachte der Typ noch mehr. Dann sagte er: «Das habe ich doch nicht getan. Ich habe mich vorgestellt. Ich heisse wirklich Pascal Weiss. Darum musste ich ja so lachen.»

Die drängelnde Menge wurde ins Freie entlassen. Pascale blieb stehen, wandte sich ihrem Morgenmann zu und schaute ihn ungläubig an. Er meinte strahlend: «Schwarz und Weiss passen doch wunderbar zusammen.»

Pascale Schwarz nickte verzückt: «Das müssten wir vielleicht im Lokal drüben klären.»

Bei einem Glas Milch und einem Espresso klärten sie einiges. Auch Gemeinsamkeiten wie zum Beispiel ihre Begeisterung für die eben im Kino gesehene Liebeskomödie «Down by Law».

Das ist übrigens ein Schwarzweissfilm.

BLECHEIER

Mein Freund Pasquale besitzt eine grosse Zahl verschiedener Blecheier, mehr als andere Sammler. Diese staunen immer über die besonderen Motive auf manchen seiner Objekte, viele davon sind den Kennern völlig unbekannt.

Auf Eierbörsen und -ausstellungen zur Osterzeit wurde Pasquale immer wieder von Liebhabern dieser kleinen Kostbarkeiten bestürmt, weil sie seine Bezugsquelle auch erfahren wollten. Die Herkunft mochte er den Leuten nicht verraten – sie hätten ihm auch kaum geglaubt – und er gab auch keines seiner Prunkstücke her.

Eines Tages zur Osterzeit war ich bei Pasquale zu Besuch und bewunderte seine Eiersammlung. Ich sprach ihn auch auf seine besonderen Sammelstücke mit den ungewöhnlichen Blumenbildern an. Ich wagte aber nicht, ihn darüber auszufragen. Er begann selber, davon zu reden und erzählte mir dazu eine seltsame Geschichte:

Pasquale liebte als kleiner Knabe vor allem die farbigen Zuckereilein, die ihm angeblich der Osterhase jeden Frühling ins Osternest legte. Oft waren diese Bonbons in den bekannten eiförmigen Blechdöslein verpackt. Einerseits ärgerte er sich immer ein wenig über diese Behältnisse, weil sie so schlecht zu öffnen waren – die Hilfe seines Vaters war zudem meistens mit langweiligen Warnungen vor ungesundem Verzehr von zu viel Zucker verbunden – andererseits gefielen ihm die buntbemalten Döslein so sehr, dass er bald anfing, diese in Eierschachteln aufzubewahren. In seiner Kinderzeit kamen auf diese Weise gegen dreissig Stück der mehr oder weniger kitschigen Kunstwerke zusammen.

Erst als Pasquale erwachsen war, stiess er auf dem Dachboden seines Elternhauses auf die Eierkollektion aus seiner Jugend. Gerührt und begeistert nahm er diese mit und verlegte sich auf planmässiges Sammeln.

Immer zur Osterzeit durchkämmt er seither alle einschlägigen Geschäfte nach unbekannten Blecheiern. Vor allem ein stadtbekanntes Haus für besondere Süssigkeiten bringt fast jedes Jahr eine neue Serie von sechs Eiern heraus. Alle werden seiner Sammlung einverleibt. Die Zuckereier aus den Döslein mag er nicht mehr so sehr, und er verschenkt sie.

Jeweils kurz vor Ostern öffnet er eine Truhe, entnimmt dieser seine Blecheier und stellt sie im Wohnzimmer aus. Er hat alle auf quadratischen Eierkartons versorgt. Jeder Karton fasst dreissig Stück. Sorgfältig ordnet er dann die Eier neu ein. Dabei achtet er auf die Motive. Da gibt es die Hasen-, Hühner- und Kükendarstellungen, in denen diese Tiere fast wie Menschen gekleidet sind und als solche Malerpinsel schwingen, Auto oder Motorroller fahren und anderen Tätigkeiten nachgehen. Daneben hat es aber auch realistisch gestaltete Tiere, Menschen, Landschaften und Häuser, alles in einem romantisch verniedlichenden Stil. Einige der Eierdosen öffnet Pasquale, klemmt eine fingerlange Fadenschlaufe zwischen die zwei Deckel und hängt die Dinger an einen keimenden Buchenast in einer Vase. Das ist sein Osterbaum.

Eines der Eier wollte nie so recht in seine Motivordnung passen. Es trug auf gelbem Untergrund ein kleines Bild von einem reptilartigen Wesen mitten zwischen giftiggrünen Tupfen. Pasquale wusste nicht mehr, wie dieses Exemplar in seine Sammlung gekommen war.

Einmal kurz vor Ostern öffnete er dieses Ei, um es mit anderen aufzuhängen. Dabei fiel ihm eine grüne, klebrige Masse am Innern der einen Blechschale auf. Da war offenbar ein Zuckerei vergessen geblieben, war geschmolzen und hatte sich festgepappt. Pasquale liess es sein, schloss die zwei Hälften und hängte auch dieses Ei an den Ast beim Fenster.

Am darauffolgenden Weissen Sonntag wollte Pasquale seine Schätze wieder versorgen. Er begann, die aufgehängten Eier abzuräumen. Dabei dünkte ihn, das getüpfelte Ei am Zweig habe gezuckt. Er schaute eine Zeitlang hin. Tatsächlich, es hüpfte an seinem Faden ein paarmal leicht hoch, dann baumelte es hin und her und drehte sich. Pasquale löste das Ei vom Zweig. Es lag ganz warm in seiner Hand. Dabei kam es ihm schwerer vor als andere. Er schüttelte es. Etwas zwischen den Schalen ploppte fein ans Blech, 89 dann rollte das Ei von alleine über seine Handfläche, und ein leises Quietschen ertönte aus dem Innern. Pasquale erschrak. Er hätte das Ei beinahe fallen lassen. Was war denn da drin? Das gab es doch nicht, das Döslein war beim Aufhängen noch leer gewesen! Oder doch nicht? Ihm kam das klebrige Zeug in den Sinn, das er nicht weiter beachtet hatte.

Vorsichtig öffnete er die beiden Blechhälften. Ein verschrumpeltes Etwas drängte sich aus der einen Schale, es sah aus wie eine mehrfarbige Dörrpflaume. Er beobachtete auf dessen Oberfläche so etwas wie Atembewegungen, dabei wurde das Ding immer grösser, und die Runzeln glätteten sich. Plötzlich plumpste es auf den Tisch, wuchs weiter, drehte und wendete sich, und zuletzt sass vor ihm ein handgrosses Wesen in den buntesten Regenbogenfarben.

Verblüfft staunte er die Gestalt an. Sie erinnerte ihn ein bisschen an eine aufrecht sitzende Eidechse mit angewinkelten Hinterbeinen. Zwischen diesen quoll ein kugelrundes Bäuchlein hervor. Die Vorderbeine lagen wie zwei Arme obendrauf. Hinten ringelte sich ein spitz auslaufendes Schwänzchen. Das Seltsamste war der kleine Kopf: Er trug lange Schlackerohren wie ein Widderkaninchen, ein gebogener Schnabel wie der eines Greifvogels zeigte auf Pasquale, und zwei lebendige Augen betrachteten ihn argwöhnisch. Pasquale war nicht ganz behaglich und er stammelte:

«Was ist – äh – denn das?» Da richteten sich die zwei Ohren wie bei einem Osterhasen auf, und das Wesen kreischte deutlich hörbar: «Weisst du denn nicht, was ein Paskilisk ist?»

Zuerst erschrak Pasquale furchtbar, dann sass er längere Zeit mit offenem Munde da. Er konnte sich erst wieder einigermassen fassen, als das Tierchen erneut anfing: «Was ist mit dir los? Krieg ich jetzt Zuckereier oder nicht?» Pasquale stellte sich rasch auf den Ton ein und antwortete: «Langsam, das ist nicht die Art und Weise, wie du mit mir sprichst. Auch ein Basilisk kann mit mir anständig verhandeln.»

«Paskilisk, wenn ich bitten darf. Das ist ein deutlicher Unterschied, den du als Blecheiersammler eigentlich kennen solltest. Ich habe schliesslich zum Fliegen Osterhasenohren und keine Fledermausflügel wie ein Basilisk.»

Und er schwang seine Ohren wie Schwingen und drehte vor dem staunenden Pasquale eine Runde um die Stubenlampe. Etwas plump setzte er wieder auf dem Tisch auf. Er atmete heftig, auf seinem Bäuchlein war deutlich der Pulsschlag zu sehen, und er stiess hervor:

«Ohne Essen geht's einfach nicht. Bitte, gib mir Zuckereier!» «Aha, ‹bitte›, das gefällt mir schon besser!»

Pasquale staunte über sich selber, wie er mit diesem unheimlichen Wesen einfach so sprach. Er holte die Dose mit den Eierbonbons, die er

91

seiner neusten Blecheierserie entnommen hatte und stellte sie offen vor den Paskilisken. Mit flinken Bewegungen packte dieser ein Eilein mit seinen Vorderpfoten und raffelte es fast wie ein Eichhörnchen herunter. Das sah niedlich aus, und das Wesen fing an, ihm zu gefallen. Nach drei Eiern rülpste es und schaute zufrieden auf.

Jetzt konnten sie ein vernünftiges Gespräch führen, wenn man dem unter diesen Umständen so sagen durfte.

Sie stellten sich gegenseitig vor. Der kleine Kerl hiess «Paski». Als Pasquale seinen Namen nannte, glaubte Paski zuerst, dieser spotte ihn aus. Schliesslich glaubte er ihm. Er fragte, ob Pasquale denn wisse, welches Wort in ihren beiden Namen stecke, und warum dieses so gut zu ihnen passe.

Als Pasquale antwortete «Ja, ‹Pasqua›, das heisst ‹Ostern›», war Paski zufrieden.

Dann erzählte er, dass Paskilisken immer aus Blecheiern kämen. Die warme Frühlingssonne am Fenster habe ihn ausgebrütet. Über seine Eltern stellte er nur Vermutungen an. War seine eier legende Mutter eine Paskiliskin, sein Vater wohl der Osterhase? Er konnte es nicht sagen.

«Und, was hast du jetzt im Sinn?» fragte Pasquale. «Jetzt fresse ich zuerst tüchtig Zuckereier und dann farbige Kalenderblätter, so kann ich auch Blecheier mit schönen Bildern legen, wie meine Mutter.»

92

Paski erzählte, dass Paskilisken jedes Frühjahr ein paar Eier legten, vorausgesetzt, sie bekämen vorher die richtige Nahrung.

Pasquales Sammlernase witterte eine Gelegenheit, und er versicherte sofort: «Daran soll es nicht fehlen.»

Sein neuer Freund bekam seinen Zuckerfrass, dazu einen wunderschönen Farbkalender voll von bunten Gärten, blumigen Wiesen und prächtigen Parks. Er fing an zu mampfen, verschlang Eilein um Eilein und Seite um Seite und schwärmte mit vollem Schnabel von den farbigen Blecheiern, die er legen wollte. Aber vorerst legte er sich selber satt in Pasquales leergegessenes Osternest auf dem Tisch und schlief einfach ein.

Pasquale versorgte seine Sammlung und ging auch schlafen.

Am andern Morgen hörte er ein wildes Klatschen am Wohnzimmerfenster. Er eilte hinzu. Paski stiess flatternd gegen die Scheiben und versuchte hinauszufliegen.

«Hilf mir da raus, ich muss an die Sonne!» piepste er verzweifelt.

Schnell öffnete Pasquale das Fenster, und der Paskilisk landete auf dem äusseren Fenstersims.

«Auf Wiedersehen und danke schön!» sagte er artig. «Bitte!» entgegnete Pasquale etwas enttäuscht, «und wann legst du die Eier?» «Schon geschehen!» rief Paski und hob mit seinen Flügelohren ab. «Ostereier muss man suchen. Viel Erfolg!» Dann flog er davon, in die Frühlingssonne hinein.

Pasquale schaute ihm nach, bis er weg war, dann machte er sich ans Suchen. Zuerst fand er in seinem Osternest sechs neue glänzende Blecheier. Aber Paski war offenbar ein tüchtiger und gefitzter Osterhase. Im Laufe von drei Wochen entdeckte Pasquale an den unmöglichsten Stellen seiner Wohnung noch dreissig Stück, alle mit den schönsten Motiven aus dem Kalender verziert.

Der Erzähler machte eine Redepause und streichelte liebevoll über seine besonderen Sammelobjekte. Dann sagte er: «Sie waren übrigens alle leer.»

Ich fragte: «Wann war denn das alles, und ist der Paskilisk je wieder zurückgekommen?»

Pasquale sagte, das sei sechs Jahre her. Dann schloss er seufzend seine Erzählung: «Paski habe ich nie wieder gesehen. Jeden Frühling habe ich die Zuckereier für ihn aufgehoben, auch die diesjährigen warten dort in der grossen Dose.»

Mein Freund begann verträumt, seine Eiersammlung für dieses Jahr zu versorgen. Ich wollte ihm dabei helfen und trat an den eierbehangenen Osterbaum. Ich war gerade im Begriff, das erste, besonders bunte Blechei abzunehmen.

Da! Ich blieb starr vor Schreck mit erhobenen Händen stehen: Das farbige Ding vor meiner Hand zuckte wild im Sonnenlicht.

95

SCHWÄMME

Robert war ein junger Chemiker. Er arbeitete als Assistent in einem Institut der Universität. In seinem Leben gab es nichts anderes als den Beruf. Sein Fach war die angewandte Chemie technischer Richtung. Synthetische Fasern, Kunststoffe und ähnliche Produkte wurden an seinem Arbeitsplatz neu entwickelt und erforscht.

Wie es sich für ein Universitätsinstitut geziemt, arbeitete man rein wissenschaftlich an der Grundlagenforschung. Dass dabei aber auch manchmal Produkte abfielen, die durchaus brauchbar für die Industrie sein konnten, nahm man als angenehme Nebenerscheinung hin. Der Institutsvorsteher liess die verwertbaren Forschungsergebnisse einfach patentieren und verkaufte sie dann für teures Geld an Interessenten aus der Wirtschaft.

Natürlich steckte er einiges von den Einnahmen wieder in sein Institut, aber der Ruhm blieb an ihm hängen. Das wurmte Robert, denn ein Grossteil an aufgebrachter Arbeit und Kreativität kam von ihm. Und Geld hätte er auch brauchen können.

Deshalb fing er an, in seiner Freizeit selbständig und zum eigenen Nutzen zu forschen. Wie es in seiner Fachrichtung üblich war, nahm er natürliche Stoffe zum Vorbild und versuchte, diese künstlich herzustellen, dabei aber deren Eigenschaften erheblich zu verbessern.

Er hatte sich auf Schwämme verlegt. Seitdem er bei einem Marktfahrer einen Synthetikschwamm gesehen hatte, der Wasser halbliterweise aufsaugte, gab er keine Ruhe mehr. Er musste die Saugfähigkeit dieser Dinger unbedingt erhöhen.

Nächtelang polymerisierte er die verschiedensten Stoffe, versetzte sie mit Weichmachern, schäumte Elastomere zu allerlei unmöglichen Gebilden auf und testete dann, ob sie mehr Wasser aufsaugten als das beste käufliche Produkt.

Robert kam seinem Ziel immer näher. Schon gelang es ihm, mit einem Schwamm von einer Flüssigkeit mehr Volumen aufzunehmen, als dieser selber beinhaltete. Doch Robert wollte mehr. Die Saugkraft seiner Produkte steigerte sich von Nacht zu Nacht. Nach den Flüssigkeiten begann er, gelartige Substanzen aufzusaugen. Die Viskosität der absorbierten Stoffe wurde immer zäher. Zuletzt musste Robert die Schwämme mit besonderen Handschuhen anfassen, denn sie begannen, auch feste Materie einzuziehen. Dieses musste einfach Feuchtigkeit enthalten oder nass sein. Ein Schwammstrich über ein Häufchen feuchten Sandes, und schon war es weg!

Jetzt musste nur noch die Saugkapazität gesteigert werden.

An einem Wochenende setzte Robert in einer tiefen Schale eine besonders konzentrierte Version seines Präparats an. Er durfte nur noch in 99

Glasgefässen oder teflonbeschichteten Behältern arbeiten, seine Schwämme hätten sonst sofort angefangen, die Oberfläche abzubauen.

Das Ganze kam in einen Hochdrucktank. Vorsichtig erhöhte Robert die Temperatur auf die erforderlichen Werte, liess den Druck langsam ansteigen und schaltete dann auf plötzliches Vakuum. Jetzt musste das Werk geraten sein!

Bei Normaldruck öffnete Robert gespannt die verschraubte Türe des Behälters. Da lag der Schwamm wie ein gutgeratener Auflauf in seiner Form. Begierig, die Wirkungsweise seines neuesten Produkts auszuprobieren, griff Robert mit beiden Händen nach der Schale mit dem Superschwamm. Und da geschah es.

Der junge Forscher hatte die Fähigkeiten des Materials bei weitem unterschätzt. Schon die Nähe eines feuchtigkeitshaltigen Mediums aktivierte die Saugkraft des Schwamms ungemein, und wie ein Taucher im Wasser verschwand Robert in seiner eigenen Schöpfung.

Am Montagmorgen fand der Institutsvorsteher nur noch die Holzpantoffeln seines Assistenten auf einer seltsamen Masse im offenen Hochdruckbehälter. Zum Glück war die Saugkapazität des Schwamms vollkommen erschöpft, und so geschah nichts weiter, als man ihn zur Untersuchung aus seiner Form hob. Die Analyse des Stoffes brachte einen kleinen Schlüsselbund zutage, chemisch gesehen war sie ziemlich erfolglos.

Die Menschheit blieb vorläufig von einer verrückten Erfindung verschont.

Nach Robert wird heute noch gesucht.

SPIRALEN

Wendelin Spirell fühlte beim Aussprechen seines Namens stets eine unangenehme innere Spannung. Das gab ihm zu denken, und er wollte der Sache auf den Grund gehen. Und den suchte er in der Bedeutung seines ungewöhnlichen Familiennamens «Spirell». Über diesen hätten ihm wohl berufene Namensforscher leicht Auskunft geben können, aber Wendelin war überzeugt, die Antwort auf seine Fragen im eigenen Innern zu finden. Dorthin wandte er sich und konstruierte dann nach langem Nachdenken einen Zusammenhang mit dem Wort «Spirale»: Er war der «Spiralenmann»!

Angeregt durch diese Einsicht, befasste er sich intensiv mit der geometrischen Figur der Spirale und liess sich von ihr fesseln. Er las darüber, zeichnete und konstruierte diese in allen möglichen Spielarten und versuchte mehr oder weniger erfolgreich, ihre mathematischen Formeln zu begreifen.

Sprachgewandt, wie er war, fasste er das Phänomen in möglichst präzise Worte. Vor allem aber packte ihn der Drang, auch seinen Mitmenschen das Wesen der Spiralen näherzubringen. So fing er immer öfter an, bei Bekannten und Freunden über diese zu reden. Nach einer kurzen Einleitung überfiel er sie mit seiner ersten Definition:

«Eine Spirale ist eine Kurve, die von einem Punkt ausgeht, diesen in einer Ebene umrundet, sich aber gleichzeitig immer mehr von diesem entfernt, bis sie in die Unendlichkeit entschwindet. Dieses Wegstreben vom Ausgangspunkt kann bei gewissen Spiralen schön gleichmässig vor sich gehen, so dass der Raum zwischen den umlaufenden Runden sich als stets gleich breit bleibendes Band darstellt.»

Mit Bildern und Modellen, die er vor dem überrumpelten Publikum ausbreitete, aber auch mit rasch hingeworfenen Skizzen untermalte Wendelin, was er so exakt beschrieben hatte. Dann fuhr er fort: «Eine andere Art Spirale entfernt sich bei jedem Umgang mit wachsendem Abstand von ihrer jeweils innen liegenden Bahn, so dass sie sich sehr rasch ausweitet und im Unsichtbaren verliert.»

Um seinen Ausführungen mehr Nachdruck zu verleihen, wirbelte er manchmal wie wild auf einer spiralförmigen Linie durch den Raum. Die Zuhörenden fragten sich, ob ihm dabei nicht schwindlig würde. Zu Recht, aber ihm war eh schon sturm im Kopf, wenn er sich in sein Lieblingsthema verbohrt hatte.

Die Sauberkeit in der Definition einer Spirale war etwas, das ihn sehr beschäftigte, ja, manchmal geradezu beunruhigte. Dazu dozierte er mit grossem Ernst: «Oft ist von einer ‹Spirale› die Rede, wenn es sich um eine ‹Schraubenlinie› handelt oder einen sogenannten ‹Wendel›. Das ist meines Erachtens aber falsch.»

Ein Blick ins Bedeutungswörterbuch hätte ihn zwar vom Gegenteil und von seinem Unrecht überzeugen können, aber er fuhr unbeirrt fort:

«Ein Wendel ist keine Spirale sondern eine sich schraubenförmig in die dritte Dimension bewegende Linie. Wir kennen sie von all den eifrigen Mitmenschen, die uns mit aufsteigend kreisendem Zeigefinger erklären wollen, was eine Wendeltreppe sei.»

Einmal warf an dieser Stelle eine Freundin die Frage ein: «Ja, und was sind denn nun die ‹Spiralfedern›? Sind das jetzt Wendel oder Spiralen?» Die Möglichkeit, diese wichtige Frage in eigener Kompetenz entscheiden zu können, erfüllte Wendelin mit Stolz. «Wendel natürlich», antwortete er, «die heissen richtigerweise ‹Schraubenfedern›. Es sei denn, du sprichst von der spiraligen Feder in der Unruh einer Uhr.»

Immer öfter kam den Leuten bei solchen Ausführungen der leise Verdacht, Wendelins Unterscheidungswut habe mit seinen beiden Namen zu tun: Hatte sich da der Wendel «Wendelin» mit der Spirale «Spirell» verkracht? Waren sich vielleicht Vorname und Familienname uneins? So etwas musste wohl Spannungen auslösen. Die Leute ahnten richtig. Mit der Zeit wusste Wendelin zum Thema immer mehr zu berichten: «Nicht zu verwechseln ist die ‹archimedische Spirale› – eine echte Spirale – mit der ‹archimedischen Schraube›. Dies ist eine wendelförmige

Transportschnecke, wie sie zum Beispiel im Innern eines Fleischwolfs zu finden ist. Wir sehen sie durch den Einfülltrichter und können ihr zuschauen, wie sie das Hackgut mit ihren Schraubbewegungen unerbittlich den Messern zuführt.»

Dass Wendelin das Beispiel dieses Küchengeräts gewählt hatte, war wohl kein Zufall. Denn wer ihm zuhörte und ihm dabei ins Gesicht schaute, konnte sich des Eindrucks nicht erwehren, er hätte am liebsten alle, die seine geliebten Spiralen mit Wendeln verwechselten, durch den Fleischwolf gedreht. Unerbittlich!

Wendelin war jedoch zu einer gewissen Grosszügigkeit bereit, wenn er in geschraubtem Deutsch einräumte: «Höchstens der vorderste Schneidekantenweg an einer Holzschraube, der mit ganz engem Wendelradius beginnt und erst nach einigen Umgängen zum endgültigen Schraubendurchmesser anwächst, folgt einer Spirale – falls sein Verlauf rechtwinklig zur Achse auf eine Ebene projiziert wird. Der Rest ist Wendel. Das ist doch klar.»

Klar war den Zuhörern immer weniger. Wendelin doppelte noch nach mit einem geistigen Sprung in die Natur, die ja auch mit einigen spiralförmigen Erscheinungen aufwartet: «Ähnliches lässt sich vom Schneckenhaus sagen: Die Grenzlinie zwischen den Zuwachsrunden weitet sich aus wie eine Spirale, strebt aber in die dritte

Dimension wie der Wendel. Wenn Sie verstehen, was ich meine.»

Das Schneckenhaus wurde zum Symbol für die Vermittlung zwischen Wendel und Spirale und versöhnte offenbar den Wendelin mit dem Spirell.

Wendelin gab aber noch nicht auf, war bald wieder bei der Technik und erklärte: «Dann gäbe es noch den ‹Doppelwendel›. Das ist die Linie, die zum Beispiel der Wolframdraht in einer Glühbirne verfolgt. Da wird ein an sich schon fein gewendelter Draht noch ein weiteres Mal auf einen wendelförmigen Kurs geschickt. Wer genügend räumliches Vorstellungsvermögen hat, sieht eine solche Kurve im Weg der Propelleren-den eines zweimotorigen Flugzeuges, das eine Wrille fliegt.»

Und zur Illustration begab sich Wendelin mit ausgestreckten Armen und wirbelnden Händen auf einen akrobatischen Kunstflugkurs – oder das, was er sich darunter vorstellte. Wer nicht schon vorher gewusst hatte, was ein Doppel-wendel ist, war nach dieser Vorstellung auch nicht gescheiter.

Das war den meisten Leuten auch egal, denn sie machten sich ja weder über Wendel noch über Spiralen irgendwelche Gedanken. Wohl aber über Wendelins Spiralenwahn und seinen Gei-steszustand. Dieser fing tatsächlich an, ihnen einige Sorgen zu bereiten.

Vor allem, als Wendelin eines Tages beschloss, sich jedes Jahr am 20. Oktober, dem Fest des Heiligen Wendelin, nur noch auf spiralförmigem Kurs zu bewegen. An diesem Datum stellte er sich jeweils auf einem weiten Feld bereit. Bei Sonnenaufgang brach er auf und verfolgte hartnäckig seinen Spiralweg. In sich stets ausweitenden Kreisen wanderte er über Wiesen und Felder, zog seine Linien durch Flüsse und Wälder und schreckte nicht vor Berg und Tal zurück. Wie er hindernde Felsen und Häuser überwand, blieb sein Geheimnis. Er hielt seinen Kurs bis zum Sonnenuntergang. Dann brach er ab und ging erschöpft nach Hause.

Trotz Grenzen, Überbauungen und anderer Hindernisse legte er seine Spirale jedes Jahr verbissen in die herbstliche Landschaft.

Doch dann geschah es: Sein Weg führte ihn eines Wendelintages ausgerechnet genau in den Eingang des alten Wendelsteintunnels. Es darf angenommen werden, dass die Streckenführung der dortigen Bahnlinie wohl kaum der vorgesehenen Spiralkurve folgte.

Abends kehrte Wendelin Spirell nicht nach Hause zurück. Streckenkontrolleure fanden kurz darauf ein eigenartiges Loch in der Tunnelwand. Im Rapport einer Untersuchung war die Rede von einer «spiralförmigen Bohrung unbekannten Ursprungs», zu eng, um genauer erforscht zu werden. Die Sache wurde nicht weiter verfolgt. **109**

Im Wendelsteingebiet hat seither die Erdbebentätigkeit leicht zugenommen, vor allem im Herbst. Die Nadeln der Seismographen zeichnen jeweils ungewohnt spiralige Kurven auf.

War die Bohrung in der Tunnelwand übrigens wirklich spiralförmig – war sie nicht schraubenförmig, wie ein Wendel?

RÖHREN

Ronald Rohrer war schon als kleines Kind angetan von Röhren jeglicher Art. Sobald er irgendwo einen röhrenförmigen Gegenstand entdeckte, packte er ihn, pustete hinein oder versuchte hindurchzublicken. Kein Fernrohr, kein Feldstecher und kein Kaleidoskop war vor ihm sicher, und in jedes Blasinstrument, das er ergreifen konnte, musste er hineinpusten. Glücklicherweise gab es in seiner Umgebung keine Schusswaffen, er hätte wohl jeden Gewehr- oder Pistolenlauf untersucht. Ronald kroch aber in alle Betonröhren, die an seinem Weg lagen, und es war ihm ein besonderes Vergnügen, durch Tunnels zu fahren oder lange Unterführungen zu benützen.

In Ronalds Zimmer stapelten sich Kartonröhren, hohle Rollenkerne, Fadenspulen und Stücke von Wasserleitungen und Gasröhren, die er in Bauabfällen gefunden hatte. Mit all diesen Rohrstücken, aber auch mit Gartenschläuchen konnte sich Ronald stundenlang ganz allein beschäftigen. Er baute damit Marmelbahnen, installierte in der ganzen Wohnung Sprechverbindungen oder liess Wasser durch verschlungene Leitungsnetze vom Balkon aus in den Garten und dann in ein Tunnelsystem seines Sandkastens fliessen.

Ronalds Lieblingsmahlzeiten bestanden natürlich in erster Linie aus länglichen hohlen Lebensmitteln. Da gab es vor allem die italienischen Teigwaren wie Cornetti, Cannelloni, Penne, Makkaroni und all die andern Hohlnudeln, durch die er schlürfend die Sauce saugen konnte. Daneben liebte er aber auch süsse Speisen wie gerollte Crêpes und gefüllte Hüppen. Getränke nahm der kleine Ronald prinzipiell nur mit einem Trinkhalm zu sich.

Die Vorliebe für Röhren – oder «zylindrische Hohlformen», wie Ronald später sagte – blieb ihm bis ins Erwachsenenleben. Er wurde Sanitärinstallateur, hatte dank seinem Röhreneifer bald ein eigenes Geschäft und konnte sich so mit den Gegenständen seiner Träume austoben.

Ronald entdeckte aber auch die Welt der schwingenden Luftsäulen, die in unterschiedlich langen Rohrstücken die vielfältigsten Töne entstehen lassen. Nach ihrem Prinzip erklingen bekanntlich alle Blasinstrumente von der Pikkoloflöte bis zur Basstuba, sowie alle Orgelpfeifen. Ronald spielte hingebungsvoll auf dem Sousaphon mit seinen verschlungenen Rohrgängen und dem schamlos sich öffnenden Ende. Daneben versuchte er sich auch auf der Panflöte und auf dem Dudelsack.

Ronald fing an, das Phänomen Rohr sprachlich zu erfassen und kam dabei geradezu ins Philosophieren: Dieser Körper, der sowohl eine Innen- als auch eine Aussenseite hat, leicht und doch stabil ist, umschliesst einen langgezogenen runden Raum. Dieser ist mit Luft gefüllt oder kann einen andern Inhalt fassen. Er ist aber auch

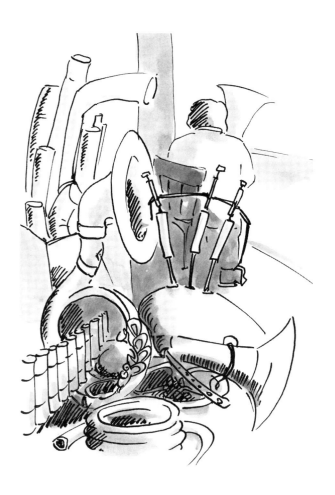

zur Leitung von Flüssigkeiten, Gasen und Schüttgut geeignet.

Röhren mussten einfach faszinieren. Sie bedeuteten für Ronald Macht. Das Rohr gibt die Richtung an. Ziehe eine Leitung und gib einen Stoff hinein, er wird genau so fliessen, wie du willst. Die Pipeline zwingt das Erdöl auf den vom Menschen gewählten Weg, der Gartenschlauch mit all seinen Windungen lässt letzten Endes das Wasser dorthin gelangen, wo der Gärtner will, und das Kanonenrohr lenkt das Explosionsgas vorerst in eine Bahn und damit auch das Geschoss in das vorberechnete Ziel.

Unzählig die Beispiele von Anwendungen: Die Rohrpost, die Hochdruckleitungen eines Wasserkraftwerks, ein Gasverbundnetz oder all die Rohrsysteme im Auto, von der Benzin-, Wasser- und Luftleitung bis zum hintersten Teil des Auspuffs.

Auch Mensch und Tier überleben nur dank Leitungsnetzen: Nichts als Röhren im Blutkreislauf, im Lymphsystem und im Verdauungstrakt. Ronald Rohrer schwelgte in seinen Rohrbetrachtungen. Er träumte von Rohrleitungen, mit denen er allem eine gewünschte Richtung geben konnte, dem Zeitenlauf, der Weltgeschichte, dem Denken der Menschen, dem Leben überhaupt.

Er hatte aber nicht das Zeug zum Politiker oder gar zum Diktator oder dogmatischen Religionseiferer. Darum kam er mit seinen Plänen von ideellen Rohrsystemen nicht weit.

Auch seine nächsten Mitmenschen wollten von seinen einengenden Vorstellungen nichts wissen und liessen ihn bald allein. Deshalb wandte er sich wieder handfesteren Röhren zu. Die grossartigsten Rohre, die sich in Ronalds Umgebung fanden, waren einige Fabrikschlote. Von diesen träumte er richtiggehend. Da hindurchzusteigen musste erst das totale Röhrengefühl vermitteln. Doch wie kam er hinein?

Er fing an zu planen. Er wählte sein Traumrohr, das Hochkamin der städtischen Kehrichtverbrennung. Nach Gesprächen mit einem Angestellten kannte er die Bauweise seines Ziels. Der Schlot bestand aus einer äusseren Röhre von zwölf Metern Durchmesser. Darin führten vier eigentliche Rauchzüge und eine eiserne Leiter in die Höhe. Ronald sorgte dafür, dass die Firma R. Rohrer, Installationen, bei der Kehrichtverbrennung einen Auftrag bekam, und bald ging er in diesem Betrieb ein und aus. Immer hatte er ein Auge auf der eisernen Türe, die in «sein» Kamin führte.

Eines Tages war die Gelegenheit da. Der Einstieg war offen, kein Mensch in der Nähe. Ronald trat ein und schaute nach oben. In weiter Ferne leuchtete ein Stück Himmel und zog den röhrenverrückten Eindringling mit schwindelerregender Macht an. Ronald begann sofort,

115

ungesichert in die Höhe zu steigen. Den Kopf im Nacken strebte er schwer atmend empor. Griff um Griff, Tritt um Tritt verwirklichte er wie besessen seinen langgehegten Traum. Ab und zu musste er anhalten und verschnaufen. Doch die letzten Meter beschleunigte er so, dass ihn sein Schwung förmlich zum Kamin hinausschleuderte. Röhrend flog er durch sein Glück...

Die Engelsharfe, die ihm kurz darauf angeboten wurde, lehnte er höflich ab. Er bat um eine Posaune.

Ebner hatte lange gesucht und war endlich fündig geworden. Das war sein Land. Es waren 850 Hektaren. Noch lieber sagte er «acht Komma fünf Quadratkilometer». Eigenes Territorium mit Hügeln, Tälern, Mulden, sogar einer richtigen kleinen Schlucht. Wiesen, Wälder, Auen, Bäche und Weiher bedeckten oder durchzogen das Gebiet.

In diesem Land liess man ihn noch machen, nicht wie daheim, wo die Landschaft total in den Händen der Parteien, Schutzverbände und Umweltfanatiker war. Hierzulande interessierte sich niemand, was mit dem Boden geschah, Hauptsache, er hatte den Hektarpreis bezahlt. Das hatte er, also konnte er jetzt endlich seine Pläne verwirklichen. Er sah Arbeit auf sich zukommen, Arbeit für Jahre.

So war das Landstück ausgeschrieben gewesen: «Erfüllen Sie sich ihren Traum vom eigenen Paradies!» Das wollte er nun. Seine Umgebung wunderte sich und stellte sich viele Fragen.

Max Ebner war in den Bergen aufgewachsen. Steil waren diese, mühsam die Wege, mühsam die Arbeit. Wie hasste er das Gebirge mit seinen hohen Wänden, den schattigen Tälern! Alles, was nur ein wenig nach Erhebung, Hügel, Berg aussah, war ihm zuwider. Jung schon zog er ins Tiefland, in die Stadt in der Ebene, dort war ihm wohl, dort hatte er Licht und weite Sicht.

117

Als Schreinerlehrling fing er an. Da konnte er sich austoben. Bald war er bei Lehrmeister und Gesellen berühmt für seinen geschickten Umgang mit Rauhbank und Schlichthobel, so eifrig setzte er alles dran, innert kürzester Zeit jede kleinste Unebenheit des Holzes auszuräumen. Eine wahre Freude war es für ihn, grobe, fasrige Bretter in die Hobelmaschine einzuführen und das hautglatte Ergebnis der lärmigen Bearbeitung am hintern Ende wieder in Empfang nehmen zu können. Arbeitete er mit beschichteten Platten, strich er immer wieder mit lustvoller Handbewegung über deren samtenen Belag und genoss das Gefühl, ungehindert widerstandslose Glätte liebkosen zu können.

Sein Eifer führte ihn im Berufsleben rasch weiter. Alles, was er unternahm, hatte mit glatter Oberfläche und Ebenheit zu tun. Er fabrizierte mit der Zeit Fliesen, Bodenbeläge und Fensterglas, baute Papierfabriken und Walzwerke und erfreute sich immer wie besessen an den ebenen, flachen Produkten all seiner Betriebe. Niemals hätte er sich mit gewölbten, kurvenreichen oder bauchigen Fabrikaten wie Glaskuppeln, Wellblech oder etwa Brotlaiben befreunden können.

Dass ihm seine Aktivitäten viel Geld einbrachten, störte ihn nicht, denn er legte dieses ja nicht auf hohe Haufen, sondern sah es nur in Form von sehr glatten Abrechnungen, Checks und allenfalls Banknoten.

Sein ausgesprochener Widerstand gegen üppige Rundungen ging sogar so weit, dass er sich eine Frau anlachte, deren anatomische Ausformung durchaus zu den flachen Erzeugnissen seiner Industrien passte. Bald war sie seine Gattin und buk ihm in ihrer gemeinsamen futonbestückten Flachdachvilla Flundern, Fladenbrot und Pizze.

Max Ebner war sich der Art seiner Besessenheit vollkommen bewusst. Er genoss sie und trieb sie immer weiter. Er hatte auch schon lange eine Erklärung für seine Obsession. Es war sein Name, der war sein Schicksal: Ebner! Wer so heisst, kann nicht anders.

Der muss! Maximal einebnen, glatt streichen, Flächen generieren! Das war seine Berufung. Und sein Schade war es nicht.

Bald lüftete sich das Geheimnis seines seltsamen Landerwerbs: Es war nicht der Traum eines überreichen, satten Wirtschaftskapitäns, der plante, sich seinen persönlichen Garten Eden einzurichten. Nein, es war der Spleen eines Ebners, der ungehindert von fremden Vorschriften jetzt wirklich einmal lustvoll eine ganze Landschaft mit all ihren Höhen einebnen wollte. Die Berge und Hügel sollten gesprengt und abgetragen und der Abraum in Täler, Schluchten und Seen gefüllt werden. Am liebsten hätte Max die ganze zu erwartende Fläche am Schluss noch geteert.

Er liess eine Flotte von Planierraupen und ähnlichem grobem Gerät bereitstellen; diese wollte er auf seine Ländereien einfliegen lassen. Ein Barackendorf für Geometer, Maschinenführer und Bauarbeiter war auch schon geplant.

Dann sollte es losgehen. Doch es kam anders: Max Ebners Vater, Johann Jakob Ebner, starb in seiner Bergheimat. Bei der Testamentseröffnung vernahm Max völlig unerwartet, dass er nicht der leibliche Sohn des Johann Jakob war. Er war als kleines Kind adoptiert worden.

Also kein geborener Ebner. Ein Lebensauftrag hatte sein Fundament verloren, eine Welt brach zusammen.

Der Schock war so gross und der Verlust der Ebner-Identität so tiefgreifend, dass Max seine Planiermanie schlagartig verlor.

Er sah keinen Sinn mehr im Unterfangen, Land einzuebnen und blies alles ab. Die Baumaschinen und Baracken verkaufte er.

Bald hatte er auch genug von all seinen flächenproduzierenden Industrien. Mit viel Gewinn veräusserte er sie. Sie brachten ihm Berge von Geld. Und die waren ihm willkommen.

Max Ebner liess sich inmitten seiner Ländereien auf dem höchsten Hügel ein schönes Haus bauen und zog für immer dort ein.

Seine Frau hatte ihn schon seit geraumer Zeit verlassen, sogar ihr war das Leben um Ebner zu platt geworden.

Bald aber suchte sich Max eine andere, üppig ausgestattete Partnerin und stieg mit ihr lustvoll über alle Erhöhungen und durch alle Täler und Schluchten seines Paradieses.

So lebte er befreit von den Zwängen seines Namens, und sie waren glücklich und zufrieden.

Eines Tages bekam Max Post. Ein Anwalt hatte in seinem Auftrag Nachforschungen über seine Herkunft angestellt. Aufgeregt riss Max den Umschlag auf. Er las mit zitternden Händen die Ergebnisse der Recherchen: «Sie waren als Waisenkind zur Adoption freigegeben worden. Ihre Eltern hiessen Regula und Albin Flach-Plattner. Sie stammten übrigens aus Glattfelden.»

HÜLLEN

Hilde Hülscher-Hüllendorff hielt nicht viel von Nacktheit. Schon das abrupt endende Wort «nackt» schien ihr unpassend, mindestens, wenn sie an die ausgewogenen Formen ihres Körpers dachte. Ihr Leib in seiner lebendigen Fülle brauchte nach ihrer Meinung die weit ausholende Geste einer angemessenen Hülle.

Hilde war sehr wohlhabend. Für teures Geld hüllte sie sich in wallende Tücher und Gewänder und fühlte sich geborgen durch die Hüllkraft, welche wollenen, seidenen und baumwollenen Geweben innewohnt. Die schützende Wirkung dieser naturgegebenen Stoffe hielt ihr ganzes Wesen in der Vielschichtigkeit seiner verschiedenen Seinsebenen zusammen.

Wenn Hilde Hülscher-Hüllendorff einherschritt, schwebte sie in einer Wolke von Schleiern, die mindestens den Raum auch ihres feinstofflichen Leibes umfasste. Die ganze Hilde war gehüllt.

Derart umgeben, fühlte sie sich allen Anfechtungen der Aussenwelt gewachsen. Sonnenstrahlen, Staub, neugierige Blicke, unerwünschte Annäherung, Kälte, Hitze, alles Unangenehme und Schädliche verfing sich im Dunstkreis der Hüllen und wurde so von Hilde ferngehalten. Ihr Arbeitsplatz war von einem fülligen Baldachin überdacht, und die Nächte verbrachte sie in einem Himmelbett, das von üppigen Tüllvorhängen umgeben war.

Allem, was ihr lieb war, liess sie mit der Zeit die Wohltat einer schützenden Hülle zukommen. Einrichtungsgegenstände, Geschirr und Besteck hüllte sie in kostbare Stoffe. Umständlich musste sie vor und nach jeder Arbeit Geräte und Dinge auspacken und wieder einwickeln, überall lagen Tücher und Schleier herum, wertvolle Überzüge und auserlesene Teppiche bedeckten Möbel und Böden.

Begeistert verfolgte Hilde die in ihren Augen so sinnvollen Arbeiten des bekannten Verpackungskünstlers Christo und seiner Gattin Jeanne-Claude, und bald liess sie ihre Zwölfzimmervilla von diesen Hüllmeistern in kostbare Seide einschlagen.

Wohlgehüllt ging also Hilde Hülscher-Hüllendorff durchs Leben und wähnte sich glücklich dabei.

Doch im Traum einer Nacht fühlte sie sich von einer ganz neuen Art hüllender Kräfte umgeben. Sie waren dem Auge unsichtbar, aber Hilde fühlte sie ganz deutlich. Sie bestanden aus Düften, aus Lüften, die von Bergen herunterstrichen, aus sprühender Gischt und aus wallendem Dunst. Sie waren leicht und lösten in Hilde eine völlig unbekannte Ahnung von Glück aus. Als sie erwachte, überkam sie eine Sehnsucht nach dem neuen Gefühl. Sie versuchte, sich an die erlebte Umgebung zu erinnern. Berge waren es gewesen!

Sofort packte sie ihre Koffer, hüllte sich und diese in viele Gewänder und Tücher und reiste in ein
Hotel im Gebirge.

Gleich begab sie sich in die freie Natur, durch-
schritt auf schmalen Pfaden Bergwiesen, stieg
auf Hügel und erklomm waldige Hänge. Die
Luft war erfüllt von würzigen Düften, und schon
stellte sich das erträumte Gefühl immer deutlicher ein. Mit jedem Schritt liess Hilde ein Stück
ihrer Hüllen fallen, atmete tief und fühlte sich
von einer sanften Brise geschützt und umgeben.

Bei einem stürzenden Bergbach war es endgültig geschehen. Weit weg flogen die letzten
Schleier, und hüllenlos eilte Hilde Hülscher-Hüllendorff unter die stiebende Gischt eines Wasser-
falls. Leidenschaftlich liess sie sich von der unge-
ahnten Hüllkraft der stürzenden Fluten umfas-
sen und in ein neues Glücksgefühl tragen.
Anschliessend spürte sie Nässe, Sonnenstrahlen
und Bergluft wie Balsam auf der Haut. Alle
Tücher und Schleier waren vergessen. Mit dem
Nötigsten bedeckt kehrte sie abends in ihre Bleibe zurück. Doch täglich eilte sie wieder hinaus
und genoss unverhüllt ihr neuentdecktes Leben.

Durch ihren Anwalt liess sie den Verkauf
ihrer Christo-verpackten Villa mit allem Drum
und Dran in die Wege leiten und baute sich in
den Bergen ein einfaches Haus. Hier huldigt sie
immer noch ihrem Luft-, Duft- und Gischthül-
lendasein.

Aus ihrem Nachlass konnte der Anwalt ein ganzes Textilgeschäft einrichten, das heute noch guten Zuspruch findet. Sein Slogan lautet:
   «Stoffe in Hülle und Fülle»…

ZIEGEN

Diese Ziegengeschichte macht mich noch verrückt! Wo ich doch Ziegen so gern habe. Eigentlich sind sie meine Lieblingstiere. Ich erinnere mich noch genau an den Traum, den ich mit fünf, sechs Jahren einmal hatte: Ich besass einen weissen Ziegenbock.

Und jetzt diese Geschichte mit der weissen Geiss. Ausgerechnet diese so kompliziert! Kann denn heutzutage niemand mehr eine Geschichte der Reihe nach erzählen?

Überglücklich war ich damals im Traum. Ich hielt meinen Ziegenbock im Estrich der Stadtwohnung.

Da sass also dieser Ich-Erzähler in der Dorfbeiz irgendwo in den Tessinerbergen und ass Ziegenkäse, den ihm die schlanke Schwester der Wirtin aufgetischt hatte. Einige Zeit vorher war er offenbar in das Bergdorf gefahren und – das hätte mir passieren müssen – war von eine Ziegenherde am Weiterfahren gehindert worden. Gemütlich zottelten die Tiere vor ihm her. Und das weisse trächtige Tier mitten in der Herde.

So war das in der Geschichte, die ich in meinem Monatsmagazin gelesen hatte. Daneben die Fotografie der schönen Autorin.

Eine weisse Geiss! Ich hatte meine geträumte Ziege umarmt und war dann ohne sie aufgewacht. Vor Schmerz weinte ich. Mein Traum hat sich nie bewahrheitet.

Sofort war meine Sehnsucht wieder da. Eine Geschichte von Ziegen! Eine trächtige weisse Geiss!

Und der Trottel regte sich auf. Er hatte einen Termin im Dorf, wegen eines Grundstücks. Jung und unerfahren. Er drängelte. Die Tiere wichen aus. Dann diese Begegnung. Die Hirtin schaute ihn an, als er wieder stehenbleiben musste. Direkt neben dem Fenster seines properen Geländewagens. Auge in Auge. Und daneben stieg die weisse Geiss aufs Trittbrett und guckte herein.

Ziegenaugen! Das war es, was mich immer so fasziniert hatte. Kennen Sie diese Augen? Unheimlich – waagrechte Pupillen, sinnlich frech.

Dann treffen wir den Kerl aus der Geschichte in der Dorfbeiz. Wieso er mit der Wirtin über Ziegen spricht, muss ich selber herausfinden. Ein Bild verfolgt ihn. Er kann das Gesicht von der jungen Hirtin nicht mehr vom Gesicht der Ziege trennen. Offenbar sind sie ihm beide ins Gehirn gehüpft und haben sich dort ineinander verschmolzen.

Ist jetzt die Geissenfrau die Schwester der Wirtin?

Warum lässt die Autorin den Kerl überhaupt so in der Geschichte herumspringen? Der weiss doch, was mit ihm geschehen ist. Aber erzählen lässt sie ihn nichts davon. Sie selber tut's auch nicht.

Zum Glück kenne ich das: Faszinierendes Frauengesicht – Ziegenaugen. Die blaue Ziege bei «Pinocchio» ist die gute Fee.

Das wundervolle Gefühl, das ich damals beim Lesen hatte, kommt wieder auf. Gute Frauen sind wie Ziegen: Behende, sinnlich, weichhaarig, intelligent. Meinetwegen kapriziös, das hat ja auch mit Ziege zu tun. «Du Geiss!» – Für mich ein Kompliment.

Aber das muss ich ja alles selber mitdenken. Jetzt sitzt er da mit Ziegenkäse im Mund – wie beneide ich ihn: Den Mund leicht öffnen, und der Duft entfaltet sich. Aber der bringt ja nur den Mund nicht zu, weil er die schöne Hirtin anstarrt. Also doch die Schwester!

Das Grundstück ist für ihren neuen Ziegenstall vorgesehen. Sie lebt von den Ziegen und ihrer Milch.

Ziegenmilch! Auch so ein Kindertraum: Der städtische Park mit dem Ziegenstall. Manchmal spendete mir eine Tante ein hohes Glas Ziegenmilch. Ein wahrgewordener Traum!

Der Stall der Hirtin steht dem Geschäft im Weg. All das vernimmt er von der Wirtin, sie wehrt sich für ihre Schwester.

Und ich muss immer noch das Mosaik zusammensetzen.

So, hopp jetzt, Geschichte fertig erzählen, der Reihe nach: Ziegenstimmung macht sanft, er vergisst sein Geschäft. Ziegenmilch, Ziegenkäse,

Ziegenhirtin, seine blaue Ziege, seine erlösende Fee. Blau machen. Geissenglück, Pinocchioschluss!

Nichts von alledem: Er verzichtet zwar auf den Grundstückdeal, kommt sich dabei noch gut vor, und flüchtet ins Tal hinunter. Ziegen und Ziegenhirtin vor Augen folgt er dem Zickzack der Strasse. Aus!

Und ich folge dem Ziegenzack seiner verzwickten Geschichte, bin erschöpft vom Entschlüsseln und flüchte in meine Ziegensehnsucht.

Ich weiss noch nicht einmal, wo die Hirtin lebt.

Vielleicht suche ich zuerst wohl die Autorin, die Geiss.